Lembranças DA GUERRA

SEGUNDA GUERRA MUNDIAL

Lembranças DA GUERRA

Irmgard Ruppel

M.BOOKS

M.Books do Brasil Editora Ltda.

Rua Jorge Americano, 61 - Alto da Lapa
05083-130 - São Paulo - SP - Telefones: (11) 3645-0409/(11) 3645-0410
Fax: (11) 3832-0335 - e-mail: vendas@mbooks.com.br
www.mbooks.com.br

Dados de Catalogação na Publicação

RUPPEL, Irmgard.

Segunda Guerra Mundial: Lembranças da Guerra / Irmgard Ruppel.

2016 – São Paulo – M.Books do Brasil Editora Ltda.

ISBN: 978-85-7680-257-0

1. História   2. Biografia   3. Segunda Guerra Mundial

Do original em inglês: Memories
©2008 Irmgard Ruppel
©2016 M.Books do Brasil Editora Ltda.

Editor: Milton Mira de Assumpção Filho
Tradução: Cecília Mussi
Produção: Lucimara Leal
Editoração: Crontec
Capa: Isadora Mira

2016

M.Books do Brasil Editora Ltda.

Sumário

Para os meus filhos Thomas e Philip e suas famílias.

Estas lembranças de coisas do passado jamais teriam sido escritas sem o encorajamento e a ajuda de minha amiga Heide Loefken. Ela achou que eu tinha uma história para contar e insistiu que eu a escrevesse. E aqui está ela.

Prefácio

Quando criança, não me lembro de entender todas as passagens da vida incrível de minha mãe crescendo em Berlim, antes e durante a guerra. As várias histórias foram contadas para mim, não exatamente em ordem. Aos 10 ou 12 anos de idade, eu finalmente tive consciência plena da magnitude de sua experiência. Quando menino, eu ficava impressionado com as histórias sobre sua prisão pela Gestapo, seus seis meses de confinamento solitário, tendo para ler *Gedanken und Erinnerungen* [Pensamentos e Reminiscências], de Bismarck, e sobre sua postura valente diante de Roland Freisler, o Juiz Enforcador. Com o passar dos anos, quando fiquei mais velho, as histórias alinhavadas começaram a fazer sentido e fui capaz de entender o todo, um retrato preciso dos primeiros 30 anos de sua vida, de 1921 a 1951.

Contudo, o tempo e a memória são coisas terríveis, que distorcem a realidade, e quando envelhecemos os fatos tornam-se confusos e menos claros. Para a maioria de nós, hoje é mais difícil lembrar os detalhes dessas histórias, exceto para minha mãe. Poucas pessoas, que eu saiba, têm uma lembrança clara do que vestiram há 46 anos, do que comeram 33 anos atrás, do nome e sobrenome, e talvez até a data de nascimento de um conhecido que não tivesse visto por quarenta anos.

Por isso, é ainda mais apropriado que minha mãe tenha se dedicado a escrever as memórias da parte mais importante de sua vida – a infância e juventude em Berlim. Ela não o fez para chamar atenção à sua interessante experiência de vida, mas para transmitir aos descendentes, filhos, netos e, finalmente, bisnetos, a história de sua mãe, avó e bisavó. Apenas minha mãe sabe os detalhes muito melhor do que Tom e eu, e lhe devemos agradecimentos por registrar essas lembranças. Sei que meus filhos, assim como primos e amigos, apreciarão esta autobiografia.

As lembranças de minha mãe são uma contribuição não só para a nossa família, mas também para o que é certo se tornará um lapso na memória do período nazista. Com o passar dos anos, aqueles que viveram nessa época, e podem nos lembrar do horror desse tempo, estão desaparecendo. Eles, assim como minha mãe, são alguns dos últimos sobreviventes que podem responder às perguntas que temos sobre esses dias. *Lembranças da Guerra* tem um valor eterno para a nossa família e para historiadores, estudiosos e amigos.

Estas lembranças são ainda mais surpreendentes em seus detalhes de eventos, fatos, conhecimento histórico, e descrição de pessoas e diálogos. Como você lerá, alguém que terminou sua educação formal aos 15 anos de idade, escreveu isto! Pela minha avaliação, minha mãe atinge a *"prima inter pares"*.

Nós, que trabalhamos neste projeto, estamos orgulhosos de ter feito parte do esforço de publicar *Lembranças da Guerra*.

---

* Da expressão latina *primus inter pares*, que pode ser traduzida como "o primeiro entre iguais", indica que uma pessoa tem maior dignidade (ou experiência) entre outros do mesmo nível ou ofício. (N.R.)

Sou grato a Heide Loefken, que deu incentivo para a minha mãe escrever este livro e inestimáveis sugestões editoriais, durante os primeiros estágios do trabalho e ao meu irmão, Thomas, que passou horas incontáveis escaneando, digitando e revisando as primeiras versões do manuscrito. Como editor, tenho estado envolvido com muitos livros. *Lembranças da Guerra* é um dos livros mais gratificantes com que trabalhei e estou contente e orgulhoso por ter feito parte dele.

PHILIP RUPPEL
Riverside, Connecticut

Capítulo 1

Infância

inha história começa em Berlim, durante os frenéticos anos 20. Nasci em nossa casa – um apartamento à margem do Rio Spree – em 5 de outubro de 1921, três anos depois do final da Primeira Guerra Mundial. O país continuava cambaleando com os prejuízos da "Grande Guerra". A Alemanha, é claro, perdeu a guerra e foi sentenciada a pagar enormes reparações aos Aliados. Como resultado, o marco alemão desvalorizou e, finalmente, tornou-se inútil. Milhões de pessoas empobreceram.

Meu pai era servidor público do Tesouro e minha mãe, nesta época, ia ao escritório dele ao meio-dia, diariamente, pegar o pagamento para comprar mantimentos, porque no dia seguinte o dinheiro valeria ainda menos.

A derrota da Alemanha trouxe não só grande tumulto financeiro, mas também político. A nova República não tinha fundamentos democráticos. Oficiais descontentes formaram organizações paramilitares, com a intenção de derrubar o novo governo de centro e centroesquerda. Atribuíam a derrota a uma "punhalada pelas costas" dos judeus e socialistas. Assassinatos de políticos tornaram-se frequentes no início da década de 20. O mais proeminente deles foi o do ministro das relações exteriores,

Walter Rathenau, que foi mortalmente baleado em um carro aberto, no caminho do escritório para casa, em Grunewald, em 1922. Ele era um grande patriota, um intelectual judeu, e tinha sido alvo da extrema-direita por anos. Quando os tiros começaram, meus dois primos, um bebê no carrinho e o outro com três anos de idade, passavam por ali com a babá. Houve uma rajada de tiros, mas eles não se feriram.

Meu pai nasceu em Hamburgo, em 1885. Ele era o mais velho de três filhos, dois dos quais morreram antes dele: a irmã Tilly, de difteria aos 9 anos de idade, e o irmão Edgar. Edgar era meu padrinho, mas não o conheci, já que logo após meu nascimento ele se mudara para Buenos Aires. No primeiro feriado em que voltava para casa, em 1929, aos 32 anos de idade, uma epidemia de escarlatina surgiu a bordo do navio, e ele morreu uma semana depois de ter desembarcado em Hamburgo. Hoje em dia, com antibióticos, a difteria e a escarlatina são facilmente curadas. A morte dele foi um enorme golpe para meu pai. Sempre achei que, talvez, se Edgar tivesse vivido, a história de minha família teria sido

Com meu pai Arthur Zarden, em Berlim, por volta de 1923.

diferente, já que meu pai poderia ter deixado a Alemanha e se juntado ao irmão no exterior.

Não conheci meu avô, que morreu antes de eu nascer, mas minha avó paterna veio morar conosco em Berlim, no início da década de 20, depois de ter perdido grande parte das economias com a inflação. Eu a amava muito, a chamava de Unni, e foi ela quem realmente me criou. Minha mãe me amava, mas não queria ser incomodada com os detalhes da educação de uma criança.

Fotos de minha avó mostram uma senhora bem idosa, embora ela tivesse apenas 60 anos quando veio morar conosco. As mulheres daquela época, com essa idade, usavam saias compridas, botas de meio cano e gola alta de renda, para esconder o pescoço enrugado. Eu era filha única e não tinha com quem brincar. Tinha de me entreter brincando sozinha e depois lendo dezenas de livros. As bonecas eram chatas, mas eu tinha muitos soldadinhos de chumbo que enfileirava para desfiles e batalhas, mantendo-me ocupada durante horas. Os livros se

Aos oito meses de idade, no Tiergarten, com minha mãe e Marco, cachorro de seu irmão Walter.

Aos 4 anos de idade, com minha avó Emmi Zarden, no Tiergarten, Berlim.

tornaram meus melhores amigos. *Nesthäkchen,* uma série de Nancy Drew, todos os livros sobre índios e caubóis de Karl May, *Emil e os detetives,* de Erich Kaestner, e, quando estava um pouco mais velha, li sobre História, que se tornou minha matéria favorita na escola. Ia para as estantes de livros de meu pai e lia autobiografias e biografias.

Minha avó acreditava que toda menina devia aprender a fazer tricô e crochê e a bordar, o que não me tentava nem um pouco, quando podia ler livros interessantes. Morávamos num apartamento grande, com dez aposentos, nas margens do Rio Spree, até que eu estivesse com 11 anos, quando nos mudamos, para outro maior, com 12 ambientes, dobrando a esquina. No nosso primeiro apartamento, não havia aquecimento central, mas cada recinto tinha um aquecedor a carvão, de cerâmica, que emanava bastante calor. Os aposentos eram do tamanho de um apartamento de um quarto em Nova York. Durante o inverno meus pais davam jantares para várias pessoas numa mesa comprida na sala de jantar. Um casal trabalhava para nós. Ele era o mordomo e ela cozinhava, mas para as festas um fornecedor mandava dois *chefs* com aqueles chapéus brancos, para fazer a comida. Eu achava as festas divertidas, exceto pelo fato de ter de cumprimentar e me curvar diante dos convidados, antes do jantar. Meus pais saiam bastante, sobretudo durante o inverno, mas sempre almoçávamos juntos, e meu pai frequentemente vinha para casa para a refeição quente do dia. As conversas frequentemente eram acerca de política e, como eu não tinha nada melhor para fazer, ouvia. Por exemplo, lembro-me de quando uma delegação americana veio a Berlim, encabeçada por Parker Gilbert, da J.P. Morgan, para negociar os planos Dawes e Young para ajudar a Alemanha a pagar pelas reparações. Como meu pai era funcionário do Tesouro, ele estava envolvido. E, desde o início, ouvi falarem sobre os nazistas e os comunistas, as mudanças frequentes de governo e os problemas financeiros da República. Meu interesse em política, então, começou na infância.

Meus pais eram grandes opostos. Meu pai era um intelectual que fora educado em um "Ginásio", onde os idiomas ensinados eram o grego e o latim. Ele tinha sido o primeiro da classe, *primus inter pares*, e não conseguia entender que nem todos eram igualmente inteligentes. Já a minha mãe tinha um temperamento alegre e estava determinada a extrair o máximo prazer da vida. Ela detestava escola e jamais colocara os pés na minha. Livros não lhe interessavam e continuo ouvindo-a dizer: "Leio no livro da vida", o que quer que isso queira dizer. Ela era uma grande otimista, ao passo que meu pai era bastante pessimista. Infelizmente, ele provaria estar certo. Meus pais se complementavam e eram muito compatíveis.

Quando eu estava um pouco mais velha, com 10 ou 11 anos, adorava conversar com meu pai sobre todos os tipos de

assunto – história, países estrangeiros, etc. – o que fazia sentir-
-me bastante adulta. Ele não tinha paciência e não conseguia entender porque a matemática e a álgebra eram um problema para
mim. Quando eu era adolescente, ele tentou me ensinar *bridge*,
naquela época e agora considerado uma graça social. Eu nunca
conseguia me lembrar das minhas cartas, deixando meu parceiro
sozinho; meu ficava com as faces coradas, declarando-me uma
completa idiota e jogava fora as cartas. E era assim que acabava.
Minha mãe veio de uma família grande; eles eram sete filhos, quatro meninos e três meninas. Meu avô, Benno Orenstein, era um magnata que venceu por conta própria. Na Revolução Industrial, fundou uma empresa internacional que fabricava
locomotivas e equipamentos ferroviários, Orenstein & Koppel,
que existe até hoje. Ele nasceu em Posen, na Prússia Ocidental,
em 1851. Seu pai morreu jovem e coube a Benno sustentar a
família. Os relatórios escolares mostravam que ele era um estudante mediano. Com um empréstimo de 3 mil marcos de um
tio rico, ele foi para Berlim, onde em 1876, com a idade de
25 anos, começou um negócio de ferro velho com o sócio Arthur Koppel. Em um ano, Benno pagou o empréstimo e abriu a
primeira fábrica, perto de Potsdam, produzindo equipamentos
ferroviários. Essa fábrica, em Drewitz, empregaria 7.500 trabalhadores, que recebiam benefícios sociais generosos. A parte do
sócio Koppel foi, por fim, comprada, mas seu nome permaneceu porque naquela época a Orenstein & Koppel era conhecida
mundialmente.

Meu avô fez uma fortuna pessoal de 20 milhões de marcos-
-ouro, no início da Primeira Guerra Mundial e era um dos homens mais ricos da Alemanha. Ele comprou oito milhões em
Títulos de Guerra, mais tarde sem valor, e boa parte desapareceu
com a inflação. Mesmo assim sua vida permaneceu confortável.

Minha avó, Rosa Landsberger, veio de uma família muito rica que ficara em Berlim por mais de cem anos. Em 1883, ela trouxe para o casamento um dote considerável. Por mais que Benno fosse um sucesso nos negócios, a vida em casa era bem diferente. Os filhos o temiam e a esposa, periodicamente, se recolhia em sanatórios, para acalmar os nervos junto com outros pacientes ricos, da mesma forma atormentados. Quando a Primeira Guerra Mundial começou, todos os quatro filhos imediatamente se alistaram como voluntários no serviço militar. Dois deles não voltaram.

As três filhas atravessaram esse período com muito mais facilidade. Sendo meninas, não sofriam pressão do pai. O objetivo delas era encontrar um marido adequado. Minha mãe era a mais velha. Havia duas governantas, uma para as crianças mais velhas e outra para as mais novas. Elas moravam em Hohenzollernstrasse, fora da Tiergartenstrasse. Mais tarde, meus avós se mudaram para uma casa grande em Lake Wannsee.

Lembro-me dos almoços de domingo na casa de meus avós, com minhas tias, tios e primos. Na longa mesa, as crianças se sentavam juntas. Muitas das conversas dos adultos eram sobre dinheiro. Meu pai, ruborizado, ficava cada vez mais impaciente, ouvindo essas discussões intermináveis. Meu avô faleceu quando eu tinha 4 anos, dias após a comemoração dos 50 anos de sua empresa. Lembro-me de ter estado sozinha com ele apenas uma vez. Ele me levou para a estufa e me presenteou com um vaso de flores, prontamente confiscado por minha mãe, que disse que elas me dariam urticária. Eu esperava por um brinquedo. A casa e o jardim estão hoje exatamente como em minha infância. Eu tinha oito primos, e os via apenas nas festas de aniversário. Nunca fomos próximos.

A diversão das minhas festas eram os filmes mudos, em branco e preto, com Charlie Chaplin, como o vagabundo, e Harold Lloyd pendurado em arranha-céus, um sucesso porque as crianças não eram normalmente levadas ao cinema. Tinha 7 anos quando fui pela primeira vez ao teatro, para ver *Chapeuzinho Vermelho*, fiquei tão impressionada que me lembro até hoje.

Nosso apartamento, construído antes da virada do século, era no Rio Spree, e eu adorava ver o tráfego de barcos passar. Os donos e suas famílias moravam a bordo. Um varal pitoresco oscilava ao vento, um cachorrinho latindo corria para lá e para cá, e um vaso com gerânios vermelhos realçava a decoração. Carvão, madeira serrada e muitas mercadorias industriais eram transportados pelo rio de tráfego era intenso.

Havia uma estação de trem do outro lado do Spree e um dia, em 1928, vi um comboio de dois carros atravessando a ponte. Era o rei Amanullah, do Afeganistão, em visita de estado.

Eu andava de triciclo e patinete, para cima e para baixo, pelo longo corredor do nosso apartamento. O único telefone ficava na parede, e tinha uma manivela. Uma telefonista conectava você com a outra pessoa. Todo mundo conhecia suas telefonistas. Havia duas delas, e no Natal elas ganhavam presentes dos clientes com os quais tinham mais intimidade.

Naquela época, o ano escolar tinha início em abril e eu estava com 6 anos e meio, quando comecei a estudar. Minha mãe não queria me mandar para uma escola pública onde, de acordo com ela, eu ficaria com crianças desagradáveis e pegaria todas as suas doenças. Ficou decidido que eu teria aulas particulares, junto com um menininho da minha idade. Acontece que meu colega de classe ficava doente com tanta frequência que, em geral, eu tinha os professores só para mim. As aulas eram na maioria das vezes em minha casa.

A senhorita Kallmann, professora da qual eu gostava muito, me ensinava tudo, menos história e religião. Uma professora do *Lycee Français* dava essas matérias. Com tanta atenção individual, consegui fazer o programa de quatro anos, em três, depois de passar no assim chamado teste de inteligência. Então, entrei no Sexta (o primeiro grau depois da escola primária) da Mommsen-Schule, uma escola só para meninas, equivalente a Chapin ou Spence, em Nova York. Ela era dirigida por Adelheid Mommsen, filha do

Indo para a escola no Tiergarten.

famoso historiador de Roma, Theodor Mommsen. Nossa escola ficava no térreo de um apartamento, decorado de maneira antiquada, perto de Kurfürstendamm. Os aposentos eram escuros e sombrios e, no geral, todos os ambientes pareciam bem deprimentes. No recreio, íamos para um pátio pequeno e comíamos o lanche das onze horas, enquanto nos quintais vizinhos, donas de casa batiam nos tapetes pendurados, para retirar a poeira. A senhorita Mommsen cuidadosamente selecionava o corpo de estudantes, composto pela "sociedade de Berlim". As filhas do embaixador britânico eram levadas para a escola em um Rolls--Royce.

Éramos 12 alunas por classe e tínhamos dois dias por semana de folga (e apenas um dia nas séries mais avançadas), porque nas turmas menores e com atenção individual, continuávamos cumprindo as normas definidas pelo Ministério da Educação. Aos sábados, tínhamos aula metade do dia.

Pela primeira vez em minha vida, estava com outras meninas e podia fazer amizades. Eu era levada e trazida pelo nosso chofer, mas o que realmente queria era pegar o *Elevated* – ou *S-bahn* – na Estação Lehrter, junto com algumas meninas que moravam no mesmo bairro. Minha mãe era totalmente contra e levou alguns anos até que ela, enfim, cedesse.

O trânsito não era perigoso naqueles dias. Minha mãe me deixava ir sob a condição de que nosso mordomo me levasse até metade do caminho para a estação, onde eu encontraria com uma amiga. Isso era meio embaraçoso, e o convenci a andar vários passos atrás de mim. Finalmente, livrei-me da minha escolta. A garota que morava mais perto de mim era Ursula Cyliax (depois von Schlieben). Ela não estava na minha classe, mas nos tornamos boas amigas e íamos e voltávamos juntas da escola.

Na Moltke-Bridge, encontrávamos quase todas as manhãs um militar uniformizado, que trabalhava no Ministério da Guerra próximo, certo dia ele nos cumprimentou, e isso nos fez sentir bastante crescidas. Numa outra manhã, vestido à paisana, ele mostrou estar mal-intencionado. Ficamos horrorizadas, e então decidimos pôr um fim nesse problema. Da próxima vez que o víssemos, andaríamos de braços dados, empurraríamos Ursel contra ele e isto, pensamos, deveria servir como mensagem. Foi exatamente o que aconteceu e nunca mais o vimos novamente.

Fiz que Ursel jurasse segredo; em hipótese alguma ela deveria contar à sua mãe, que imediatamente contaria para a minha, me condenando a ser eternamente levada pelo chofer. Mas, talvez, minha mãe tivesse razão; o perigo pode estar à espreita em qualquer lugar.

Minhas matérias favoritas na escola eram alemão, inglês, história e geografia, enquanto matemática e ciências naturais não me interessavam. Toda manhã, eu ficava imaginando que a escola poderia ter pegado fogo durante a noite e, assim, eu voltaria para casa para me divertir. E assim foi, e apenas seis anos depois de eu me formar, a casa foi destruída em um ataque aéreo.

Sempre quis ter um cachorro, até que um dia ganhei um *fox terrier* de pelo duro, chamado Marko, com um *pedigree* ilustre, meigo, mas atrapalhado. No instante que ficava sem coleira, ele saía correndo, nunca achava o caminho de volta e nos dava muito trabalho. Depois de fazer meu dever de casa, eu o levava para dar longas caminhadas e, juntos, explorávamos as partes antigas das áreas pobres do centro da cidade, grande parte delas foi destruída depois. Assim, vim a conhecer várias construções históricas, agora desaparecidas.

Mudamos de Kronprinzenufer para Alsenstrasse, dobrando a esquina. No apartamento novo, tínhamos um elevador que abria dentro do hall de entrada, minha avó tinha artrite severa e não podia mais subir escadas. Alsenstrasse era uma rua pequena, arborizada e sossegada, com várias representações diplomáticas estrangeiras no quarteirão. O novo apartamento era bonito e mais moderno do que o anterior, com mais banheiros, aquecedor central e uma varanda grande, onde fazíamos as refeições quando o tempo estava quente.

No outono de 1932, meus pais deram um almoço para 25 pessoas. Entre os convidados estava o príncipe Heinrich, o consorte da rainha Wilhelmina, da Holanda. Ele tinha somente permissão para viajar acompanhado por cortesãos que agissem como guardas, porque era paquerador. Para mim, o momento mais memorável desse dia foi quando Marko, meu cachorro, escapou por uma porta aberta e não foi encontrado em lugar nenhum, até que uma pessoa que estava passando na rua o trouxe para casa. Nosso endereço estava na coleira.

Eu recebia uma pequena mesada, que gastava no cinema. Havia dois pequenos cinemas em Unter den Linden. O primeiro filme que vi – *Cavalgada*, de Noel Coward – deixou uma impressão permanente em mim. O filme mostra a história de uma família inglesa do cerco de Mafeking, da Guerra dos Bôeres até a década de 1930, similar ao *Upstairs, Downstairs*.

Na minha infância, não havia esse costume de se ir às compras. Comprávamos o que era necessário, e as roupas eram geralmente feitas por modistas ou por costureiras, que vinham em casa duas vezes por ano, antes do verão e do Natal. As roupas para crianças eram sem imaginação e pareciam idênticas. Eu sentia inveja de uma menina da minha classe, que usava um suéter cor de Borgonha, da Braun, uma loja elegante de roupas, na Unter den Linden. Levou um ano inteiro para convencer minha mãe de que eu precisava desse suéter mais do que qualquer coisa no mundo. Ela achava ridículo comprar algo em uma loja cara só para usar na escola, mas finalmente a venci pelo cansaço. Ele se tornou minha roupa favorita e durou até que os dois cotovelos tivessem furos.

Quando estava com 10 e 11 anos, fiz aulas de dança ministradas por duas senhoras, que fugiram das regiões bálticas, então ocupadas pelos bolcheviques, depois da Primeira Guerra Mundial. Elas eram muito bem preparadas em boas maneiras e bom comportamento. As aulas eram ministradas na casa das alunas. Um dos lugares de que mais gostávamos, um salão de dança perto do Portão de Brandenburgo, pertencia à avó de uma colega da escola. Na escadaria da entrada, um mordomo de fraque anunciava: "Fräulein Zarden". Os empregados usavam calções até o joelho, e o salão de dança era uma réplica do Salão dos Espelhos, do Palácio de Versalhes. Aprendemos o foxtrote, a valsa, o tango e também a quadrilha, o que nos deu uma enorme oportunidade de pisar no pé dos outros. No intervalo, nos empanturrávamos de bolos e sorvetes no delicioso bufê, até não aguentarmos mais. A única mãe que, frequentemente, vinha para nos ver era a Sra. von Ribbentrop, cujos dois filhos estavam na nossa classe. Ainda posso vê-la sentada no sofá com nossa anfitriã, a Sra. von Friedlaender-Fuld. Antes dos nazistas chegarem ao poder, o Sr. Ribbentrop era vendedor da Henkell Sekt, empresa de champanhe do sogro. Alguns anos depois, Sra. von Friedlaender-Fuld teve de deixar a Alemanha, porque era judia. Ela morreu aos 80 anos, durante a guerra no sul da França, de subnutrição e por estar abandonada, um destino cruel após ter tido uma vida bastante luxuosa. Joachim Ribbentrop, que se tornou ministro das Relações Exteriores de Hitler, um dos piores nazistas no poder, foi sentenciado à morte nos julgamentos de Nuremberg, e enforcado. Até hoje a família Ribbentrop o considera um herói.

Quando tinha 12 ou 13 anos, meus pais decidiram que eu deveria ter aulas em uma academia de equitação perto do Tiergarten, o Central Park de Berlim, onde minha mãe e as irmãs montavam, quando eram jovens. O pai de minha professora as ensinara. Herr Leistner fora sargento de cavalaria, na Primeira Guerra Mundial, e era um maravilhoso tipo de Berlim. Um dos seus ditos favoritos era: *"Jnaediges Frollein, nu haenge'se mal nich auf'm Jaul wie 'ne Waescheklamme uff 'ner Waescheleine".*

Na academia de equitação com Herr Leistner. A academia era na Bendlerstrasse, onde os conspiradores de 20 de julho foram executados depois.

("Senhorita, não se segure neste cavalo como um pregador no varal.")

Eu gostava muito desse esporte, exceto quando me fizeram pular os obstáculos e caí. Depois de alguns anos, meu professor achou que eu deveria ter meu próprio cavalo, em vez de montar, toda vez, num diferente. Meus pais concordaram. O Tiergarten tinha muitos caminhos diferentes para andar a cavalo e você conhecia muitos cavaleiros. Dos estábulos até o parque era só um quarteirão de distância, mas o trânsito e o gás do escapamento dos ônibus tornavam o meu cavalo extremamente arisco. Montei durante vários anos, mesmo durante a guerra, até o outono de 1941, quando o exército recrutou todos os cavalos, incluindo o meu, para a campanha russa. Sempre fiquei imaginando como esse pobre animal se saíra com o barulho da batalha. Antes da guerra, a academia de equitação fora tomada pelo Alto Comando do Exército e foi neste prédio que os oficiais que conspiraram assassinar Hitler, em 20 de julho de 1944, foram presos e alguns deles executados ali.

Capítulo 2

A Vida em Berlim

Berlim, durante a República de Weimar, era uma metrópole vibrante e animada, social e, sobretudo, cultural. Peças de teatro, óperas, concertos, museus, galerias de arte e o cenário literário floresciam. Isso mudou drasticamente com os nazistas chegando ao poder e a expulsão dos judeus de todos os aspectos da vida pública. A sociedade berlinense, antes de 1933, era uma mistura incomum de líderes da indústria, servidores públicos bancários, diplomatas, escritores, jornalistas, artistas e acadêmicos. Berlim era não só a capital, mas a cidade mais interessante e diversificada da Alemanha. Eu só descobri pelos livros, depois da guerra, que a cidade tinha um lado irreverente e decadente, que atraía gente do mundo inteiro, em busca de agitação, drogas e sexo.

Todo mundo que era famoso, acabava, mais cedo ou mais tarde, em Berlim. Lembro-me do escritor alemão Erich Maria Remarque num chá que minha mãe deu. Ele era um homem bonito e muito requisitado pela sociedade. O filme sobre a Primeira Guerra Mundial, baseado em seu best-seller *Nada de Novo no Front*, havia começado a ter grande sucesso, mas levou a demonstrações violentas dos nazistas nos cinemas, por causa da sua mensagem pacifista. Dez anos depois, eles conseguiram o que queriam – a Segunda Guerra Mundial.

Às vezes, eu via pessoas famosas. Os governos mudavam com frequência antes de Hitler assumir o comando. Em 1928, testemunhei com meus pais, nos degraus do Reichstag, a cerimônia de posse do novo chanceler Hermann Müller.

Todos os anos durante o verão, passávamos uma temporada em Heiligendamm, um *resort* no Mar Báltico. Numa manhã, em 1931, desci e encontrei o pátio do hotel cheio de gente, homens, mulheres e crianças, que não se pareciam em nada com hóspedes. Minha mãe ainda não tinha acordado. Perguntei o que estava acontecendo e me disseram: "Adolf Hitler está em campanha por Mecklenburg, com Goering e Goebbels". Claro que já ouvira falar dele, seu crescente poder no parlamento e as sangrentas lutas nas ruas com os comunistas.

Não tive de esperar muito até que Hitler aparecesse de camisa marrom, com Goering e Goebbels (que mancava de uma perna). A multidão enlouqueceu: mulheres ergueram os filhos, como se Jesus Cristo tivesse chegado. A confusão durou um bom tempo, até que os três se retirassem. Mais tarde, eu disse para minha mãe que aqueles nazistas com camisas marrons pareciam ridículos. Essa foi a única vez que vi Hitler cara a cara. Depois de chegar ao poder, o *Führer* não confiava nas multidões em Berlim, e raramente aparecia em público. Quando a guerra começou ele desapareceu de vez, passando o tempo todo ou em seu quartel-general na floresta da Prússia Oriental ou em sua casa, nos Alpes Bávaros.

Meu pai era bastante considerado no Tesouro e foi promovido rapidamente. Os governos mudavam com frequência, e os ministros eram nomeados de acordo com sua afiliação partidária. Ele era servidor público civil e votava, regularmente, em um partido democrata de centro.

Durante a chancelaria de Heinrich Brüning, um homem honrado e membro do Partido Católico de Centro, a política de impostos tinha um papel importante, em virtude da situação financeira precária. O governo era regido, cada vez mais, por decretos de emergência para aumentar a receita. Meu pai estava envolvido em cada fase dessa política. Os impostos de emergência (*"Notverordnungen"*), embora necessários em terríveis circunstâncias, nunca são populares. Especialmente o imposto sobre voo (na realidade, sobre fuga) gerou grande polêmica. Apesar do pagamento de altos impostos, grandes fortunas transferidas para a Suíça ou os Estados Unidos sobreviveram até hoje. Um membro de uma família muito rica, que deixou a Alemanha depois de pagar um imposto enorme, nunca deixou de mencionar o fato, jocosamente, todas as vezes que o encontrava em Nova York após a guerra. Os nazistas depois cobraram o imposto sobre voo dos judeus, que tiveram de deixar a Alemanha para sobreviver.

Meu pai trabalhou junto do chanceler Brüning, até que este perdesse a confiança de Hindenburg, que queria um governo mais conservador. Brüning deixou a Alemanha depois de Hitler chegar ao poder e, finalmente, tornou-se professor em Harvard. Depois da guerra, pedi a ele uma declaração juramentada, para vir para os Estados Unidos. Ele respondeu imediatamente, o que acelerou a liberação do meu visto. Encontrei-o em Nova York, e depois em Harvard, onde era professor da Lowell House.

Em sua autobiografia, Brüning escreve muito gentilmente sobre meu pai, dizendo que estava entre os muito poucos que vieram vê-lo após sua exoneração como chanceler. Ele escreveu errado o nome de meu pai, chamando-o de Edward, em vez de

Arthur. Meu pai não gostava do nome "Arthur" e era chamado de Eddy pela família e amigos.

Em 1932, meu pai tornou-se Secretário de Estado do Tesouro (nesta época havia somente um), o que significava ser o número dois, depois do ministro. Ele ficou muito contente com essa promoção, com apenas 47 anos. Com sua nomeação, veio um enorme carro Maybach, para uso oficial. Eu só consegui dirigi-lo uma vez, quando fui para uma festa de crianças na chancelaria. Franz von Papen veio a ser o sucessor de Brüning.

O Tesouro era em Wilhelmsplatz, na rua em frente da chancelaria e do Palais Prince Karl, projetado pelo arquiteto prussiano Karl Friederich Schinkel. Sob o nazismo, o prédio se tornaria o Ministério da Propaganda, de Goebbels. Lembro-me do escritório de meu pai, um ambiente grande com vista para a praça. Os ministérios, naqueles dias, funcionavam com o mínimo de servidores públicos, comparado ao presente, e nesse aspecto não mudou muito desde o início do século.

O dia 30 de janeiro de 1933 trouxe uma transformação para a Alemanha e, em última análise, para o resto do mundo. O velho e senil presidente von Hindenburg nomeou Hitler chanceler, depois que seu partido tornou-se o mais forte do parlamento, embora tivesse perdido cadeiras na última eleição, em novembro de 1932. Nessa noite, meus pais foram ao elegante Press Ball. Para celebrar a vitória de Hitler, um desfile com tochas atravessaria o Portão de Brandenburgo, acabando na chancelaria, onde o *Füher*, de pé em uma sacada, receberia a saudação das massas que o adoravam. Meu pai achou que eu deveria assistir a esse evento histórico e trágico, e pediu ao chofer para nos levar o mais perto possível do Portão de Brandenburgo.

Colunas da SS marcham na noite de 30 de janeiro de 1933, em frente ao Portão de Brandenburgo, em Berlim, Alemanha.

Lembro-me bem do espetáculo, da música marcial, das pessoas cantando, da marcha "passo de ganso" e do júbilo da multidão. Doze anos depois, essa parte histórica de Berlim foi reduzida a pó. Como isso pôde acontecer? Não só a perda da guerra e o desastroso Tratado de Versalhes, mas também a depressão mundial atingiram a Alemanha com muita força. Milhões de pessoas estavam desempregadas, e a receita dos impostos caíra, com muitas pessoas ricas desviando seu dinheiro para o exterior. Para os menos favorecidos, era um tempo de falta de esperança. Lembro-me dos pobres nas ruas de Berlim, subnutridos e pálidos. O homem de camisa marrom prometera a restauração do poder alemão e trabalho para todos, quando acabasse com os muitos partidos e o parlamento, o qual chamava de "casa da tagarelice". Hitler, também, expulsaria os judeus, considerados por ele como sanguessugas responsáveis pela perda da guerra e

Lojas judaicas destruídas em Berlim, Alemanha.

muito mais. Seu antissemitismo continha um forte componente de inveja. Sempre é gratificante culpar uma minoria.

A democracia nunca havia, de fato, se consolidado na Alemanha, embora esta mensagem tivesse ouvidos receptivos em pessoas de todas as classes, que alimentavam o descontentamento e o ressentimento individual.

A data de 30 de janeiro de 1933 trouxe grandes mudanças também para nós. Meu pai se demitiu em 1º de abril, com a designação de "aposentadoria temporária", o que queria dizer permanente. Ele adorava o trabalho, portanto foi estressante e trágico para ele ser involuntariamente aposentado ainda jovem. Dez anos antes, lhe ofereceram um emprego na Salomon Oppenheim, em Colônia, até hoje um dos grandes bancos privados da Alemanha, mas ele declinou. As coisas teriam sido muito diferentes, se tivesse aceitado. Ele era um servidor público dedicado. O irmão de minha mãe, diretor da Orenstein & Koppel depois da morte de meu avô, deixou a Alemanha para assumir o controle da filial da empresa, em Joanesburgo. Esse arranjo durou apenas três anos. As irmãs de minha mãe e suas famílias emigraram para os Estados Unidos. Não havia mais futuro para os judeus na Alemanha.

A vida aparentemente não tinha mudado. Morávamos em nosso apartamento na Alsenstrasse 9 e tínhamos mordomo, cozinheira e chofer. A vida social em Berlim continuava, e meus pais se divertiam e saíam. Tenho uma carta escrita por minha mãe no inverno de 1935, para parentes na Austrália, em que ela descreve três novos vestidos de noite que havia comprado para a temporada.

Na escola não tive de me empenhar muito e tirei boas notas nas minhas matérias preferidas e notas medíocres em matemática e ciências naturais, que não me interessavam.

Como todas as escolas da Alemanha, o Mommsenschule incentivava as meninas a se matricularem nos VDA (*Verein für das Deutschum im Ausland*), uma associação de apoio aos alemães que moravam no exterior. Para nós, isso significava usar um lenço azul em volta do pescoço e pagar uma pequena quantia de mensalidade. Na verdade, era uma associação bastante nacionalista. Os alemães que viviam em terras estrangeiras, em geral, lutaram na última guerra e ainda ansiavam pelo Kaiser muito depois de ele ter fugido para a Holanda.

A primeira e única atividade cívica da qual participei foi o 1º de maio de 1933, Dia do Trabalho na Europa, sob a forma de uma enorme marcha para o Tempelhofer Feld. Houve desfiles e discursos. O nosso contingente fazia parte disso e achamos que todo o espetáculo fora bastante divertido, com música marcial e milhares de bandeiras. Quando voltei para casa e contei aos meus pais sobre esse dia emocionante, meu pai ficou zangado e disse que se soubesse jamais teria me deixado ir a este evento nazista. Fui proibida de participar de qualquer evento como aquele novamente.

Ele não tinha que se preocupar. Pouco tempo depois minha diretora pediu-me para ir a sua sala, me sentou no colo e me disse que, de acordo com as instruções recebidas, apenas meninas totalmente arianas poderiam ser membros da VDA. Não me lembro de ter ficado tão chateada, e nenhum evento como a marcha de 1º de maio ocorreu novamente.

Por cometer infrações menores, como sussurrar ou rir com a colega de classe que estava perto, éramos, frequentemente, chamadas à sala da diretora para levar uma repreensão. Um dia ela me disse que eu tinha de me comportar especialmente bem, já que eu não era 100% ariana. Ela não era nazista, mas nem por isso deixava de ser tola.

Quase todos os verões, passávamos várias semanas nos Alpes Suíços, pois as montanhas faziam bem para a asma do meu pai. Meus pais gostavam de Engadina e alternávamos entre os *resorts* de St. Moritz, Sils Maria, Pontresina e Celerina. Os hotéis eram confortáveis e bem administrados. O almoço era uma refeição convencional, que levava pelo menos uma hora, exceto quando saíamos em passeios que duravam o dia todo e levávamos nossos lanches. Sentar-se em silêncio à mesa por muito tempo era um teste, especialmente porque nada interessante, em geral, acontecia atrás de mim, para que eu tivesse de virar e fosse prontamente repreendida. Lembro-me de nossa primeira viagem, quando eu tinha 4 anos, no verão de 1926, e ficamos no Palácio de Cresta, em Celerina. Um casal, com um menininho da minha idade, se sentou ao nosso lado. As pessoas eram muito mais formais naquela época, e depois de um tempo finalmente meus pais e os pais dele, os Altschuelers, conversaram. Uma amizade se desenvolveu e durou muitos anos, até 1942, quando seus pais foram deportados para a Polônia. Um cartão-postal que meu pai enviou para, eles no último endereço em Lublin, voltou com a notação "destinatário desconhecido".

Todas as manhãs e tardes, fazíamos passeios e à noite eu comia o jantar, creme de galinha, no quarto, e ia para a cama. Quando fiquei mais velha, meu pai me levou para uma excursão de alpinismo com um guia. Passamos a noite em Berghütte e cedo, na manhã seguinte, atravessamos uma geleira, o Diavolezza. Minha mãe não ligava para passeios desse tipo, mas eu acompanhei meu pai em muitas caminhadas. Ele se sentia melhor em altitudes elevadas.

Minha avó nos acompanhou nessas férias. Como ficávamos fora cinco ou seis semanas e tínhamos de nos vestir para o jantar, viajávamos com baús. Certa vez, quando chegamos à fronteira da Suíça, minha avó não conseguia encontrar o passaporte, até se lembrar de que o trancara em segurança no baú, no vagão bagageiro. O trem teve de esperar até que meu pai o pegasse.

Tivemos cinco semanas de descanso no verão, por isso eu raramente voltava para escola no primeiro dia de aula. Uma carta era enviada para Fräulein Mommsen, a diretora, e pronto.

Nunca esquecerei o início das férias escolares, sábado, 30 de junho de 1934. Na Elevated Station, nos despedimos de Lonny von Schleicher, que morava perto de Potsdam, nos arredores de Berlim. Seu padrasto, o general, tinha sido o último chanceler antes de Hitler. Nos conhecíamos há muitos anos. Após nos desejarmos boas férias, cada uma tomou o próprio rumo. À tarde, chegou a notícia de grande sublevação. Hitler ordenara a prisão e posterior execução de alguns de seus velhos companheiros, que acusara de planejar um golpe de estado. E muitos outros, suspeitos de serem antinazistas, foram presos e assassinados também. Quando Lonny voltou, encontrou a casa cercada pela Gestapo, e a mãe e o padrasto baleados, na escrivaninha do escritório. Lonny, filha única de 14 anos, foi imediatamente acolhida por uma tia. Depois das férias voltou vestida de preto. Por muitos anos, teve de se reportar à Gestapo todos os meses. Ela lidou com essa tragédia horrível de forma admirável e fez uma vida interessante para si. Nós ainda somos boas amigas.

O bairro onde nasci e cresci foi destruído na guerra. Tornou-se uma paisagem silvestre, tanto assim, que, quando anos mais tarde visitei Berlim com minha família, em 1968, mostrei-lhes a casa da Kronprinzenufer 13, onde nasci. As crianças perguntaram: "Você quer dizer que morou debaixo de um arbusto?". Só agora, com Berlim sendo capital novamente, esta parte da cidade está sendo reconstruída para ser sede de governo.

Em 1936, os Jogos Olímpicos de Verão foram em Berlim. Hitler estava ansioso para usá-los como propaganda e vitrine do Terceiro Reich. Por algumas semanas, os vestígios contra os judeus e o jornal abertamente antissemita *The Stürmer* desapareceram das ruas de Berlim. O chefe do Comitê Olímpico alemão era Sua Excelência Lewald, que ocupou este cargo por muitos anos e era judeu. Substituí-lo não cairia bem junto ao Comitê Internacional. Claro que, após os jogos, Lewald foi permanentemente aposentado.

A Vila Olímpica fora construída mais de um ano antes e alojava os alemães que faziam atletismo leve. Eram soldados exclusivamente treinados para as competições, sendo dispensados dos deveres militares. O resultado foi que a Alemanha ganhou mais medalhas de ouro do que outros países e, pela primeira vez, profissionais, e não amadores, competiram nos jogos.

No entanto, para grande desgosto de Hitler, a equipe norte-americana tinha corredores negros superiores, o primeiro deles, Jesse Owens, facilmente ganhou medalhas de ouro nas corridas de 100 e 200 metros. Hitler, que pessoalmente parabenizou os vencedores em seu camarote, estava furioso e saiu antes que tivesse de apertar a mão de Owens. Naquela tarde, eu estava no estádio e presenciei esse comportamento totalmente grosseiro. Os nazistas tinham um talento especial a esse respeito.

Em março de 1937, fui crismada na Igreja da Trindade, uma igreja classicista, onde Schleiermacher, o famoso teólogo protestante, tinha pregado no início de 1800. O ministro, que nos preparara, tinha uma perna de pau graças a Primeira Guerra Mundial e era, normalmente, mal-humorado. Na classe, havia três meninas e doze meninos. Um dia ele perguntou aos rapazes o que eles queriam ser, mas ignorou completamente as meninas. Isso e a ameaça de não nos crismar, uma semana antes da cerimônia, porque não sabíamos o bastante, fizeram que ele morresse para mim, para sempre.

Na noite da crisma, meus pais deram um jantar para 44 pessoas, o último grande evento em casa. O pastor luterano fora convidado para a recepção, mas quando viu um padre jesuíta, um amigo do meu pai e convicto antinazista, ele deu meia-volta e foi embora. Eu usava um vestido preto e sapatos de salto alto, pela primeira vez, que apertaram meus pés a noite toda. Como era costume, recebi presentes, mas apenas um se destaca em minha lembrança. O motorista de um casal trouxe um pacote grande. Fiquei imaginando o que poderia ser. Dois livros enormes, do tamanho da mesa de café, da Lower Church de Assis. Tudo o que sempre quis.

Em abril, me formei na Mommsen-Schule após um rigoroso exame estipulado pelo estado na tenra idade de 15 anos e meio. Com isso, terminou minha educação formal.

Capítulo 3

Viagens Antes da Guerra

Meus pais tinham me matriculado em um curso de ciências domésticas num internato em Wieblingen, perto de Heidelberg, fundado por uma protestante devotada e estritamente antinazista, a diretora Elisabeth von Thadden. Minha mãe achava que eu devia aprender a cozinhar, algo que ela não sabia. Lembro-me de dizer para ela: "Mas para quê? Sempre tivemos cozinheira". "Nunca se sabe", respondeu minha mãe, e com o tempo ficou evidente que ela estava correta.

Adorei a ideia de ir para a escola. Uma costureira veio fazer meus uniformes de verão e de inverno. Me diverti muito em Wieblingen, mas não aprendi a cozinhar já que eu não gostava da comida preparada ali e pensei: "Por que me incomodar com isso?". Também não aprendi a passar roupa, mas consolidei amizades para toda a vida. A escola também ensinavam matérias acadêmicas, nas quais me saí bem, por ter frequentado uma escola excelente em comparação com a maioria das meninas que vieram de zonas rurais e tiveram ensino fraco.

O que gostava mais na escola eram as excursões e viagens, pegávamos um ônibus azul grande e íamos para a bela região do sul da Alemanha e para os rios Reno e Mosel. Éramos preparadas com *slides* e aulas de história da arte para que soubéssemos o que íamos ver. O destaque em 1937 foi a viagem para a Feira Mundial, em Paris. Von Thadden era muito afiada em história. A família dela era vizinha de Bismarck, na Pomerânia, e seu retrato, feito pelo pintor alemão Franz von Lenbach, uma das muitas cópias, estava pendurado no corredor de entrada. Em nosso passeio pela França, visitamos os campos de batalha de Verdun, onde milhões de soldados alemães e Aliados tinham sido mortos na Primeira Guerra Mundial. A guerra, que durou quatro anos, acontecera nas trincheiras, avançando e recuando, em uma área relativamente pequena. Dezenove anos depois, os campos de batalha ainda pareciam sombrios, as trincheiras eram claramente visíveis. Uma tinha baionetas saindo do chão, onde uma companhia fora enterrada viva em um desmoronamento. Os ossos dos soldados vencidos foram recolhidos após a guerra e colocados em um ossário em Fort Douaumont, onde fomos levados para ver. Na primavera de 1979, passei de carro pelo local em uma autoestrada. A natureza desaparecera e árvores e arbustos cobriam a estrada, uma paisagem pacífica. Então, vi a placa "Verdun".

Paris era encantadora. Vimos todos os pontos turísticos em detalhes e visitamos a feira com pavilhões do mundo inteiro. Os pavilhões alemão e russo estavam um em frente ao outro, o alemão, encimado por uma águia enorme e a suástica, o russo por um par de trabalhadores musculosos – homem e mulher – avançando ameaçadoramente em direção ao pavilhão alemão. Não tínhamos permissão para visitar o pavilhão russo. As colônias francesas e britânicas também estavam representadas e seus

pavilhões eram os mais coloridos de todos. Visitamos a Notre-
-Dame, a Sainte-Chappelle, o Museu do Louvre, Versalhes e,
claro, a Torre Eiffel. Para mim, essa viagem foi inesquecível. Ficamos num hotel na Avenida Victor Hugo perto do Arco do
Triunfo, no melhor bairro. Paris era muito mais elegante que
Berlim. Como lembrança, comprei um vidro de Soir de Paris,
um perfume doce e, na época, muito popular, que me fez sentir
mundana.

Nossa viagem para a Itália, na primavera de 1938, levou-
-nos para cidades da região montanhosa da Úmbria, para Rave-
na e Veneza. Como sempre, foi muito agradável. Na volta, eu
trouxe uma garrafa de Cinzano branco, que escondi no sótão do
internato. Todas as noites antes do jantar, um amigo e eu subí-
amos com nossos copos de escovar os dentes, e tomávamos um
pequeno aperitivo. Esvaziamos a garrafa antes de o ano letivo
terminar.

No geral, olho para trás, para o ano em Wieblingen, com
grande carinho. Gostei de ficar longe de casa, e apesar de ser
uma instituição com regras estritas, me deu a sensação de ser
livre e quase adulta.

Enquanto eu estava na escola, meus pais viajaram para
Nova York para ver se meu pai conseguia achar um emprego
em Wall Street. Ele tinha todos os tipos de contatos, mas a Depressão continuava e ninguém queria assumir um compromis-
so. Diziam-lhe: "Venha e veremos o que podemos fazer". Mas
isso era muito vago e meu pai não quis arriscar. Naquela época,
1937, era impossível levar grandes quantias de dinheiro para
fora da Alemanha. Enquanto meus pais estavam na América e
eu em Wieblingen, minha avó, que morava conosco, morreu de
ataque cardíaco.

A viagem para os Estados Unidos convenceu meus pais de que eu também deveria conhecer o país e ficar para estudar ali posteriormente. Duas das irmãs da minha mãe moravam lá, uma em Nova York e a outra em Ann Arbor. Então depois de uma viagem a Roma e Florença com meus pais, minha mãe e eu partimos, em meados de maio de 1938, em um belo navio da companhia marítima Hapag, o "New York" de Hamburgo. Viajar na primeira classe, antes da guerra, era incrível e a comida, deliciosa. Após seis ou sete dias, em uma manhã nublada e quente, entramos no porto de Nova York. De repente, os arranha-céus do centro da cidade apareceram, uma visão mágica. O navio ancorou no lado oeste, ao lado de outros transatlânticos. Nova York naqueles dias tinha um dos portos mais movimentados do mundo.

No caminho para o hotel, achei as ruas extremamente sujas. Havia lixo em toda parte. No Barbizon Plaza, próximo ao sul do Central Park, o quarto e o banheiro eram enormes. Todas as manhãs, o café da manhã vinha em caixas, por uma abertura na porta. Tudo isso custava US$7,50 a diária, um preço justo, porque o dinheiro estava muito apertado. O almoço no Childs, na 5th Avenue com a 46th Street, era servido por garçonetes irlandesas, um prato grande de beringela custava 15 centavos. O vestido branco de linho, que usei durante toda a guerra, custou US$5,00.

Tudo em Nova York era fascinante e bastante diferente da Europa. Havia trens elevados na 3rd e na 6th Avenue e muitas casas eram de arenito castanho-avermelhado. O Rockefeller Center fora construído apenas alguns anos antes. Fomos ver as Rockettes, no Radio City Music Hall, e "Little Lord Fauntleroy" com Freddie Bartholemew, no Roxy, um dos cinemas. Na Orchard Street, os carrinhos de mão faziam bons negócios, e na

Bowery Street havia bordéis enfileirados. Vimos tudo isso de um ônibus de turismo. O pior da Depressão passara, mas as pessoas tinham muito pouco dinheiro. Os donos dos apartamentos imploravam para que eles fossem alugados, oferecendo estadia gratuita por seis meses.

Depois de duas semanas em Nova York, pegamos um trem para Ann Arbor, onde moravam minha tia, Grete Blumenthal, e sua família. Meus pais os visitaram no outono anterior e conversaram com eles sobre eu ir para lá fazer o secundário. Ann Arbor era, naquela época, uma cidade universitária bem menor, com ruas arborizadas e um estilo de vida descontraído. Eu gostei, mas não queria ficar ali. Isso acabou sendo uma decisão acertada, pois nunca teria visto meus pais novamente, o que me tornaria infeliz pelo resto da vida. Meu tio Franz, professor de dermatologia, em Berlim tinha recebido uma bolsa Rockefeller, da Universidade de Michigan, em 1934, mas não poderia sustentar a família com este salário e começou a praticar medicina novamente, profissão da qual só se aposentou aos 80 anos.

Depois de um mês nos Estados Unidos, voltamos em outro Hapag, o "Deutschland". Os navios partiam à meia-noite e havia muitas festas de despedida a bordo. Descemos em Southampton, pois eu iria passar um mês na Inglaterra. Depois de Nova York, adorei Londres, uma metrópole com história.

Tive a sorte de ficar no Mayfair, com nossos amigos, os Beaumonts, em Park Lane. Frank era oficial, adido da Força Aérea britânica, em Praga, onde os visitáramos dois anos antes. Sua mulher, Cherry, era cunhada de Hans Wangemann, que iria desempenhar um papel importante na minha vida, depois da guerra.

Hans e Genia Fürstenberg, amigos dos meus pais em Berlim, também haviam me convidado para ficar com eles. Hans era filho do fundador do banco Berliner Handels-Gesellschaft. Além de ser banqueiro, ele também era colecionador de livros importantes. Era casado com Genia, uma emigrante russa, que havia encontrado o caminho para Berlim no início da década de 20. Apesar de ter uma casa em Londres, ele não conseguiu sair da França ocupada e passou os anos de guerra escondido em uma vila em Haut-Savoie. Após a guerra, o Château de Beaumesnil, na Normandia, que abrigava sua valiosa biblioteca, foi-lhe devolvido e, novamente, veio a ser diretor do BHF-Bank. Ele e Genia viveram até os 90 anos, em Beaumesnil.

Eles tinham uma encantadora casa do século XVIII, na Charles Street, fora da Berkeley Square. Era a temporada social, com bailes e festas acontecendo em todos os lugares. À noite era possível ouvir a música através das janelas abertas, como Michael Arlen descreveu em seus livros. Essa seria a última grande temporada. Um ano mais tarde, a guerra se aproximava e a Blitz destruiu muitos belos edifícios, entre eles, a casa da Charles Street.

Londres, antes da guerra, era muito mais glamorosa do que Berlim e as lojas na Bond e St. James Street eram elegantes e cheias de objetos de luxo. Eu me divertia andando por lá e vendo as grandes casas e palácios. Londres ainda era a capital de um império. Os Fürstenbergs me levaram ao estádio Lord's para assistir a uma partida de críquete, um jogo lento e totalmente incompreensível para mim. Fui duas vezes ao teatro, vi "Este mundo louco" e um show com Josephine Baker, desta vez vestida com algo mais do que bananas.

Passei uma semana com Libby Hobhouse, em Somerset. Ela tinha sido da minha turma na Wieblingen e ficara conosco em Berlim, onde imediatamente provocou o descontentamento de minha mãe, porque esperava que o café da manhã fosse servido na cama. Os Hobhouses moravam numa casa do século XVIII, perto de Bath, que, para meu grande espanto, tinha luz a gás. Embora fosse julho, estava frio e chuvoso. Nos Estados Unidos, estava extremamente quente. À noite, tínhamos de mudar de roupa para jantar e congelar em nossos vestidos de noite, enquanto a nossa anfitriã, Lady Hobhouse, se aquecia em frente à lareira. Havia outra garota alemã hospedada lá, Gisela von der Schulenburg, cuja mãe e a mãe de Libby terminaram a escola juntas antes da Primeira Guerra Mundial. Caminhamos bastante na chuva; não havia muito mais o que fazer.

A família era muito excêntrica. Ambas as avós estavam hospedadas na casa, uma politicamente à esquerda e outra à direita. O pai, Sir Percy Hobhouse, um liberal membro do Parlamento, participava das sessões na Câmara dos Comuns.

A crise dos Sudetos estava esquentando e havia medo de que Hitler pudesse invadir a região, o que provocou uma conversa animada na mesa de jantar. A avó com tendências de esquerda não tinha tempo para Hitler, e fez disto um motivo para tornar, Gisela e eu, pessoalmente responsáveis pelos nazistas. Depois de ouvir isso por algumas noites, eu disse que éramos hóspedes em sua casa e certamente não poderíamos ser culpadas pela revolta política. Isso colocou um ponto final. A outra coisa que me surpreendia era que Libby esperava que eu a ajudasse a limpar a sujeira do estábulo, todas as manhãs às 7h30. Lembrei--lhe de que já que ela esperava o café da manhã na cama, em minha casa, eu dispensaria a faxina e, em vez disso, ia tomar um bom café da manhã inglês.

Após quatro semanas adoráveis na Inglaterra, voltei para casa mais uma vez de navio, de Southampton para Hamburgo, onde meus pais me aguardavam. Foram dois meses emocionantes.

No outono, eu entrei na escola de secretariado para aprender datilografia e taquigrafia. Nesta época, a crise dos Sudetos tinha entrado em erupção, Hitler avançou e marchou, prometendo que essa seria sua última reivindicação territorial, e Chamberlain pronunciaria: "Paz no nosso tempo". Para quem não fosse nazista, ficou claro que era só uma questão de tempo para a guerra eclodir. Meu pai lia o *Times* de Londres, e acompanhava os debates na Câmara dos Comuns, com Churchill sendo a única voz a avisar que a Inglaterra estava completamente despreparada para enfrentar o enorme rearmamento alemão e a potência da Luftwaffe.

Durante o inverno de 1938-1939, o último em paz, quando eu tinha 17 anos, fui para o meu primeiro baile, o Baile da Imprensa Estrangeira, no Hotel Esplanade, um evento inesquecível em vista do que estava por vir. Esse era o primeiro inverno que eu tinha permissão de sair. Certa noite, jantei com um amigo e depois decidimos ir para o Quartier Latin, uma boate elegante, para dançar e ouvir Lucienne Boyer cantando *Parlez Moi D'Amour*. Alguém me viu e contou à minha mãe e recebi uma bronca por ter ido com 17 anos a uma casa noturna. Esse problema foi resolvido porque, com o início da guerra, alguns meses mais tarde a maioria dos clubes foi fechada.

No início da primavera de 1939, recebi um convite maravilhoso. Minha tia Irene, esposa do irmão da minha mãe, tinha reservado um cruzeiro no Mediterrâneo para o filho, Alfi, com a finalidade de infundir-lhe cultura antes de se juntar ao pai e ao irmão na África do Sul. Tínhamos a mesma idade, e tia Irene pensou que seria bom se eu fosse junto. Felizmente os meus pais concordaram. Eu encontraria minha tia em Munique, onde ela tinha um apartamento, e de lá iríamos para Veneza a bordo do "Milwaukee", um navio de cruzeiro da Hapag. Por algum motivo, insisti em ir de trem para Munique. Eu nunca tinha viajado na terceira classe.

Acabou sendo uma boa experiência. Em Hanover, um jovem de uniforme azul sem insígnias entrou em nosso compartimento e disse a alguém que havia participado da "Legião Condor", na Espanha, onde os nazistas, extraoficialmente, ajudaram Franco a derrotar os republicanos. Era uma oportunidade bem-vinda para a Luftwaffe experimentar os aviões de guerra, especialmente os bombardeiros de mergulho, os Stukas. Oficialmente, os alemães negaram qualquer envolvimento e poderiam passar por grandes apuros, até mesmo mencionando "Condor". Quando chegamos em Munique, o jovem foi prontamente levado por alguns civis, obviamente a Gestapo. Um dos passageiros em nosso compartimento o delatara.

Passamos alguns dias em Veneza, no Hotel Danieli. Três anos antes de meu pai e eu ficarmos em Lido, no Hotel Excelsior, na época o mais elegante, descrito por Thomas Mann em *Morte em Veneza*. O Excelsior, antes da guerra, tinha uma casa de espetáculos, por isso atores e atrizes famosos se hospedavam nele. Certa noite, Jan Kiepura, um conhecido ator de cinema e cantor, e a esposa Martha Eggerth desceram as escadas, ele com gravata branca e fraque, ela em um belo vestido longo. Parecia a cena de um de seus filmes, exceto pelo fato de não estarem cantando.

Eu gostei da água morna do Mediterrâneo, tão diferente do Mar do Norte. No almoço, um delicioso bufê era servido na praia. Depois da guerra, o Excelsior ficou decadente. Ninguém ia mais a Lido porque a água estava poluída.

Meu pai fizera o mesmo cruzeiro, poucos anos antes, e fora para a Palestina, na época, um protetorado britânico, para Baalbek, na Síria, então sob domínio francês, e para o Egito. As moedas nesses territórios eram lastreadas na libra esterlina. Por causa da falta de moeda estrangeira na Alemanha, nosso cruzeiro nos levaria, então, para Tripolitânia, na Líbia, e depois para uma colônia italiana. Tivemos a oportunidade de visitar Trípoli, Bengasi, Tobruk, e todos os locais que mais tarde se tornaram campo de batalha para a guerra de Rommel no deserto.

Sempre adorei viajar e fazer turismo e esta viagem ainda está presente em mim. O Milwaukee era um navio de luxo, com refeições e acomodação maravilhosas. Sempre passávamos a noite a bordo do navio.

Navegamos pela costa da Iugoslávia, parando em Dubrovnik, então chamada Ragusa, e Corfu, onde visitamos o Achilleion, palácio que pertencia ao Imperador Guilherme II. Esse palácio era mobiliado com o estilo exagerado daquela época, e se tornou um casino depois da guerra.

Atracamos no Pireu, o porto situado fora de Atenas. Na Acrópole, meu primo sentiu-se fatigado e no Museu Nacional ele esperou do lado de fora. Para mim, Olímpia foi o ponto alto da viagem. O estádio estava, então, apenas parcialmente escavado, mas podíamos muito bem imaginar os jogos antigos naquele ambiente tranquilo. Paramos em duas ilhas, Patmos, onde o *Livro das Revelações de São João* estava exposto em um mosteiro, e em Santorini, onde montamos em burros e fomos para o ponto mais alto da ilha.

Nossa próxima escala era o porto de Istambul, então mais oriental e misterioso do que é agora. Navegar até o Bósforo, com as mesquitas e os palácios dos governantes otomanos, foi um espetáculo inesquecível. O turismo, como o conhecemos hoje, não existia e viajar era privilégio de poucos.

Na Páscoa, ancoramos na ilha de Rodes, então uma colônia italiana. Por mera coincidência, Goebbels estava hospedado no Hotel des Roses, o único bom hotel naquele momento, com uma comitiva que não incluía a esposa, mas alguns jovens secretários. Uma noite houve uma dança a bordo do navio e Goebbels apareceu com uma mulher. Um dos seus assessores me convidou para dançar e quis me apresentar ao ministro. Declinei.

Depois de paradas na Líbia, no Norte da África, onde montei num camelo, e na Sicília, desembarcamos em Gênova e esta aventura maravilhosa tinha acabado. Voltei para Berlim bem a tempo do 50º aniversário de Hitler, que foi comemorado com um grande desfile no Charlottenburger Chaussee, exibindo um equipamento bélico que seria usado, de fato, alguns meses mais tarde. Esse foi o último desfile de Hitler.

Times Square, Nova York, 1938.

Capítulo 4

A Eclosão

da Guerra

Era óbvio que mais cedo ou mais tarde a guerra começaria. Em março de 1939, Hitler invadiu a Tchecoslováquia, mas ainda não estava satisfeito e agora mirava Danzig e partes da Polônia com população alemã. Esses territórios tinham sido cedidos no Tratado de Versalhes. Inglaterra e França tinham um pacto com a Polônia, garantindo sua soberania, mas a Inglaterra, além de não estar com disposição para a guerra, estava totalmente despreparada. A França, melhor armada, também estava ansiosa para evitar o conflito após as devastações da Primeira Guerra Mundial em seu solo. Hitler sabia muito bem disso.

Durante o verão, fomos à Viena e ficamos no Hotel Sacher. A Sra. Sacher nos acomodou em um quarto perto da entrada. O hotel era extremamente antiquado e, ao que parecia, nada tinha sido modificado, desde a época do imperador Franz Joseph.

Viena, depois do *Anschluss*, agora era a capital do *Ostmark* sob um governador alemão.* Dava uma impressão provincial, mas, ao contrário de Berlim, gêneros alimentícios como café e geleias caras ainda havia em abundância. Entramos no carro, um pequeno Opel. A Mercedes e o motorista tinham sido dispensados alguns anos antes, e meu pai, a pessoa mais sem técnica, aprendeu a dirigir. Tudo ia bem até entrarmos na Grossglocknerstrasse, íngreme e com muito vento, nos Alpes Austríacos. De repente, os freios quebraram e ficamos em sérios apuros, descendo rapidamente a estrada. Minha mãe, que estava sentada atrás, gritava. Eu agarrei o volante e ajudei meu pai a desviar o carro de uma parede rochosa. Fomos rebocados, e depois de consertado o automóvel, voltamos em segurança para Berlim com nossas guloseimas.

Um mês depois, meu pai, minha tia Irene e eu, partimos de novo em seu carro, que ela dirigia a uma velocidade considerável. Fomos primeiro a Salzburg, para o Festival de Música e ouvimos *As Bodas de Fígaro*.

Nesse momento já havia escassez de gasolina, pois o exército tinha sido mobilizado extraoficialmente. Joachim Ribbentrop, ministro das Relações Exteriores, confiscara um charmoso e pequeno castelo, o Schloss Fuschl, perto de Salzburg, prendendo o dono. Um posto da redondeza ainda tinha gasolina. Enchemos o tanque e fomos para o Festival de Bayreuth, ouvir *Parsifal*, uma das óperas favoritas de meu pai, completamente detestada por minha mãe. Todo ano, Hitler aparecia no Festival e era recebido por Winifred Wagner, a nora do compositor. Ela era inglesa de nascimento, ad-

---

* *Anschluss* significa conexão ou anexação, é um termo da historiografia usado para designar a anexação político-militar da Áustria por parte da Alemanha em 1938. Após esse episódio, a Áustria passou a ser denominada como Província de Ostmark. (N.R.)

miradora e amiga íntima do *Führer*. Mas este ano ele estava em combate e a única pessoa importante presente era o rei da Espanha, Afonso XIII, há muito tempo deposto. Como o Festival de Salzburgo, este também seria interrompido durante anos. *Parsifal*, que durava cinco horas, começava no meio da tarde, mesmo assim tinha-se que usar vestido longo e smoking. O jantar foi servido durante os intervalos. Fiquei imensamente entediada. Sentávamos em cadeiras de madeira, propositadamente desconfortáveis, pois Wagner concebera as óperas com nuances quase religiosas e místicas. Como se constatou mais tarde, *Parsifal*, uma "Weihefestspiel", da mesma forma, era a ópera favorita de meu marido, Richard, e que com o tempo passei a gostar também.

No caminho de volta para Berlim, formações do exército de Berlim iam para o leste, na Autobahn. As negociações entre a Alemanha e a Polônia ainda estavam em andamento, com a última tentando, desesperadamente, evitar uma invasão alemã. Os poloneses eram bravos lutadores, mas as unidades móveis de seu exército eram de regimentos de cavalaria e sabiam não ser páreo para as forças alemãs, extremamente motorizadas.

Então, no domingo, 26 de agosto, como um trovão veio a notícia pelo rádio de que Ribbentrop e Stalin, arqui-inimigos bolcheviques do nazismo, tinham assinado um pacto de não agressão, em Moscou. Isso deu a Hitler liberdade de ação no leste. Alegando atrocidades dos poloneses contra a população alemã na Polônia, o exército invadiu com tanques e aviões. A essa altura Chamberlain, "o apaziguador", tinha chegado à conclusão de que não havia "nenhuma paz no nosso tempo", e a Inglaterra e a França declararam guerra à Alemanha. No entanto, não havia nada que eles pudessem fazer pela Polônia, e em 18 dias a guerra tinha acabado. Varsóvia tinha sido fortemente bombardeada e a Rússia, que não entrara no conflito, tirou proveito de partes do leste da Polônia, exatamente como fizera após a Primeira Guerra Mundial. A perseguição aos judeus, pelos alemães, começou imediatamente.

Desde que o exército recrutara todos os homens capazes, houve uma enorme falta de mão de obra nas áreas rurais para fazer a colheita. Portanto, todas as meninas de 18 anos foram imediatamente convocadas para servir por seis meses, em campos de Trabalho Obrigatório, ajudando nas fazendas. Fiz 18 anos em 5 de outubro e, imediatamente, recebi o aviso.

Aleguei ter uma avó judia, pensando que esta ligação me desobrigasse de servir, mas, neste caso, isso não importava. Poucos dias depois, encontrei-me em um trem para Templin, Uckermark, ao norte de Berlim. Meus colegas recrutados vieram das mais diferentes classes profissionais, como Elli Uziweck, uma prostituta do norte de Berlim. No campo, ela montou um pequeno negócio na beira da estrada.

Havia uma menina bonita no meu compartimento. Num piscar de olhos, descobrimos que sua mãe conhecia meus pais. Lili Merton se tornaria uma grande amiga minha, até morrer de câncer em 1981. Decidimos nos unir.

Nosso campo, com barracas de madeira, no verão havia sido um campo para homens. Ele seria nossa casa num dos invernos mais rigorosos já registrados, com temperaturas árticas de cerca de 30 graus negativos e fortes nevascas. As barracas não haviam sido construídas para esse tipo de clima e, frequentemente, durante o inverno, encontrávamos um monte de neve em nossa cama pela manhã. Nossa *Fuehrerin*, uma mulher intratável e pouco atraente, era prepotente conosco. Éramos seis em cada quarto, e por pouco tempo Lili e eu ficamos juntas. Mas isso não durou muito. Não levávamos as coisas muito a sério e ríamos de tudo.

Nossa primeira tarefa foi levar para dentro as batatas colhidas em outubro e novembro. Isso foi bastante extenuante. Ficávamos de joelho para colocá-las num saco, rapidamente, ou o ancinho puxado por cavalo ficaria em cima de você. Acontece que toda tarde chovia e nos encharcávamos de lama. Finalmente, todas as batatas foram colhidas e partimos para as beterrabas e nabos, uma grande melhora, já que eram colhidos em pé.

Quando a colheita terminou, fomos enviadas para outra fazenda, para ajudar a mulher do fazendeiro na casa e no jardim, algo para o qual eu era singularmente inadequada. Eu não conseguia entender a razão de tanta sujeira. Segunda-feira, dia de lavar roupa, ela era fervida em barris, onde entrava cinza-escura e saía cinza-clara.

Um dia, me mandaram limpar um cercado de aves, onde havia um peru agressivo e desagradável. Foi aí que estabeleci um limite. Falei para a mulher, educadamente, que eu não podia arriscar ser seriamente bicada e, então, ela me disse que não voltasse mais.

Meu próximo trabalho foi muito melhor: servir cerveja a uma multidão na hora do almoço, em um *pub* na praça principal de Templin. Recebi gorjetas que valiam 5 *pfennigs,* e permaneci limpa. Infelizmente, esse trabalho agradável durou apenas algumas semanas. A vida era bem dura, não menos por causa do tempo frio que chegou mais cedo. Muitas garotas ficaram doentes, com infecção na bexiga e nos rins. Eu vestia tantas camadas de roupa quanto possível, parecia gorducha, mas nunca fiquei doente. Usávamos um uniforme marrom com um broche da suástica, chamado "Bruenne" em linguagem nórdica.

Todas as manhãs nos despertavam às 5h30, ainda estava escuro e gelado. Tínhamos de formar uma fila lá fora, com uma leve roupa de ginástica, para fazer um exercício apropriadamente denominado *Frühsport*, ou seja, esporte matinal. Cada barraca era inspecionada em busca de preguiçosos que tentassem escapar. Como ainda estava escuro como noite, achei uma maneira de ir de uma barraca a outra que já tivesse sido inspecionada. Mas um dia eu decidi participar dos exercícios, com luvas. A bandeira da suástica foi içada e saudada com o braço estendido. A *Fuehrerin* me advertiu de que não se saudava a bandeira com luvas. Disse-lhe, educadamente, que não queria ficar com as mãos congeladas, como ela. Ela ficou atordoada. Dali em diante eu usava luvas. Minhas camaradas ficaram pasmas.

Éramos bem alimentadas. Lili e eu descobrimos que era fácil, quando estávamos fazendo sanduíches na cozinha, afanarmos algumas salsichas, que prontamente enviávamos para casa. Meu pai quis saber como eu tinha conseguido tal iguaria, quando a comida era estritamente racionada. Disse-lhe e ele ficou furioso e me fez prometer nunca mais fazer uma coisa dessas de novo. Aquilo era roubo, ele disse. Eu não via isso dessa maneira, mas, sim, como compensação pela servidão involuntária. Tinha me esforçado muito. Quando meus pais vieram me visitar, fui encontrá-los na estrada. Eles não me reconheceram.

Nossa permanência lá deveria ser até abril de 1940, mas depois chegou a notícia de que teríamos de servir mais seis meses. Para mim já bastava, mas não havia nenhuma forma de escapar o serviço obrigatório. Então, o destino agiu.

No pacto russo-alemão, do ano anterior, Stalin havia concordado em deixar que alguns dos alemães do Volga, que tinham se estabelecido sob o governo de Catarina, a Grande, voltassem para a Alemanha. Eles não falavam uma palavra em alemão, mas tinham preservado os costumes antigos. Viajaram em carroças e a cavalo, foram alojados em um acampamento próximo e trouxeram a febre tifoide. Fomos mandadas para casa, rapidamente, antes que a epidemia pudesse se espalhar. Assim terminou essa aventura. Cinquenta anos mais tarde, ouvi de uma colega de trabalho obrigatório, que me visitou em Nova York, que a nossa *Fuehrerin* tinha medo de três meninas – Lili e eu éramos duas delas. *Vive la petite difference.*

Na eclosão da guerra, havíamos mudado para uma casa de campo, em Dahlem-Lichterfelde, na Gosslerstrasse 21, que meus pais tinham comprado de minha tia Grete, quando ela e a família deixaram a Alemanha. Isso mudou nossa vida de várias maneiras. O casal de funcionários, que estivera conosco desde que eu era pequena, fora embora e, em seu lugar, contratamos uma cozinheira, Auguste. Tínhamos também um pomar grande que nos dava frutas e vegetais – algo conveniente, pois o racionamento era severo. Alsenstrasse e a vizinhança foram destruídas em um ataque aéreo, em 1943.

Casa da Gosslerstrasse, com um grande pomar para alimentar os famintos.

Após o Trabalho Obrigatório, tive de procurar um emprego, porque todo mundo precisava trabalhar durante a guerra. Por meio de contatos pessoais, consegui encontrar um emprego interessante, relacionado ao esforço de guerra. Meu chefe era um advogado experiente, Erich Kussmann, cujo escritório era em uma casa grande perto da Avenida Kurfürstendamm. Além da lucrativa prática da advocacia, ele tinha várias pequenas empresas, uma das quais comercializava um removedor de ferrugem para equipamento militar, munições e fortalezas. O inventor desse produto químico foi também seu vendedor, e viajava para todas as instalações militares da Alemanha e dos países ocupados. Eu trabalhava como auxiliar de escritório e cuidava da correspondência. Com o passar do tempo, recebi uma procuração. Era um trabalho agradável, não ficava sobrecarregada e eu era uma boa amiga da secretária do advogado, uma mulher mais velha que me ajudara a conseguir o emprego. Ninguém no escritório era nazista. Em comparação com aqueles que trabalhavam nas fábricas de munições, tive sorte.

A prática jurídica do meu chefe era, principalmente, representar famílias ricas e pessoas que tivessem problemas com os nazistas. Por uma ligação especial com Martin Bormann, vice de Hitler e o segundo homem mais poderoso no regime nazista, Kussmann, cobrando altos honorários, conseguia ajudar quando ninguém mais podia. Os príncipes Schwarzenberg tinham vastas propriedades rurais, na Áustria e na Boêmia, que haviam sido confiscadas e contas bancárias bloqueadas, quando o líder e chefe da família fugira para o Canadá com um patrimônio considerável. Ele detestava os nazistas, e quando os alemães marcharam sobre a Áustria colocou guardas nos jardins do palácio de Schwarzenberg, em Viena, para ver se todos que entravam podiam provar ser arianos. Isso era uma resposta aos nazistas, que haviam, imediatamente, banido os judeus dos parques públicos. Como os nazistas não tinham senso de humor, Schwarzenberg teve de fugir para o Canadá, para evitar ser preso. Após consideráveis disputas com as autoridades, meu chefe finalmente conseguiu as propriedades de volta, mas no final da guerra, os Schwarzenbergs perderam todas as propriedades da Boêmia para os comunistas.

Outro trabalho, igualmente lucrativo, de prática jurídica do meu chefe era ajudar as pessoas a comprovar sua ascendência ariana pura, a fim de manter suas propriedades rurais, que eram contabilizadas como "*Erbhof*", ou seja, propriedade ancestral. Era preciso um monte de falcatruas e perjúrios para arianizar um dos pais ou os avós. A família von Kameke tinha terras na Pomerânia conhecidas por pesquisas agrícolas. O problema era a Sra. von Kameke, na época já de idade, filha de Leo Gans, fundador da I.G. Farben. Seu dote financiara a propriedade. Agora a senhora idosa teria de jurar que, pelo lado da mãe, houvera comportamento impróprio considerável, o que limpou seu ato. No início de 1945, meu patrão, através da intervenção do vice de Hitler, conseguiu obter o certificado de "*Erbhof*", assim que a Frente Oriental rompeu e os russos invadiram a Pomerânia. Kussmannn, que não era bobo, tinha seus honorários advocatícios pagos em ações da I.G. Farben, em vez de *reichsmarks* inúteis.

O negócio de remoção de ferrugem era muito bem-sucedido. Um dos nossos maiores trabalhos era manter a fortificação do Atlântico, a "Westwall", completamente limpa. Os Aliados, no entanto, decidiram deixar Westwall um pouco de lado e, em 6 de junho de 1944, desembarcaram em outro lugar, nas praias de Utah e de Omaha.

Em 1943, os ataques aéreos sobre Berlim aumentaram. Toda a cidade, parques industriais, assim como as áreas residenciais, tornaram-se alvo. Os britânicos atacavam de dia e os americanos à noite. Dificilmente alguém conseguia dormir quando as sirenes começavam a soar, então íamos para o porão da nossa casa, que não era bem um abrigo, mas, definitivamente, era mais seguro que a cidade. Os sentinelas dos ataques aéreos verificavam se alguém ficara por lá e se havia alguma luz brilhando pelas janelas cortinadas. Sentíamos medo? Na verdade, não. É claro que não queríamos ser soterrados sob os escombros, mas cada bomba traria o fim da guerra e dos nazistas. Na verdade, os ataques aéreos sozinhos não causaram a derrota, mas a ocupação de cada centímetro quadrado de território alemão, sim.

Tivemos um soldado ferido e a esposa abrigados em casa. Ele era um nazista fervoroso e era necessário sermos extremamente cuidadosos. Os espiões estavam por toda parte e qualquer sinal de ligeira dúvida da vitória final podia ter consequências terríveis.

Auguste, nossa cozinheira, tinha nos deixado para se mudar para Danzig, geograficamente uma atitude errada, porque a cidade acabou sendo invadida pelos russos. De repente, nos vimos sem alguém que soubesse cozinhar. Minha mãe nunca tinha visto água fervendo e eu não havia prestado muita atenção nas aulas de culinária em Wieblingen. Comprei um livro de receitas básicas, as sofisticadas estavam descartadas, e tentei ensinar à minha mãe o básico. Tínhamos sorte de ter frutas e vegetais do jardim. A carne e a banha estavam estritamente racionadas, o que, de fato, contribuiu para uma dieta saudável. A Alemanha continuava a ser abastecida com comida dos países ocupados e ninguém passou fome. A privação verdadeira só veio depois da guerra, quando as rações tornaram-se mínimas e as lojas não tinham nada para vender em troca dos *reichsmarks* sem valor. No mercado negro, conseguia-se de tudo em troca de cigarro ou dólar, mesmo assim alguns anos ainda foram difíceis.

Finalmente, recebemos uma garota ucraniana, Dussja, uma dos muitos estrangeiros que vieram para a Alemanha voluntariamente, porque a vida era melhor do que em sua terra natal, sob a ocupação alemã. Era uma camponesa, falava um pouco de alemão que aprendera na escola, mas não estava muito acostumada com a vida civilizada. Ela nunca tinha dormido numa cama e achou que os vasos sanitários fossem para se lavar. Suas habilidades na cozinha não iam além da sopa. Todos os dias, depois que eu saía para trabalhar, ela ia até a cômoda e roubava minhas calcinhas, que eu recuperava durante a noite. Era um jogo.

Com o aumento dos ataques aéreos, vivíamos agora com baldes de água e areia prontos, que não eram exatamente uma obra de arte para combater o fogo, mas os bombeiros ficaram impressionados. Para desativar uma bomba de fósforo escaldante, era preciso despejar areia nela; com água, ela explodiria na sua cara. Uma noite, uma bomba dessas caiu no nosso terraço, e meu pai e eu a desativamos com um monte de areia. Em 1944, uma bomba incendiária pôs fogo no sótão.

Naqueles dias, meus pais levavam uma vida tranquila e raramente saíam à noite. Viam os amigos ocasionalmente, mas tentavam ficar longe de situações em que pudessem encontrar pessoas desconhecidas e potencialmente perigosas. As denúncias floresciam. Era diferente com os jovens, que não foram dissuadidos pelos ataques aéreos.

Minha amiga do Trabalho Obrigatório, Lili Merton, deu festas maravilhosas. Mesmo sob o domínio dos nazistas e no meio de uma guerra mundial, podíamos nos divertir quando jovens. Os homens, todos soldados, estavam em Berlim em licença ou missão e voltariam em breve para o *front*. O lema era:

"Aproveite hoje, ninguém sabe o dia de amanhã". Na casa de Lili, conheci Lix Oettingen, o futuro marido de minha amiga Buttel, Elisabeth Countess Lynar e também Wilhelm Moessinger, que finalmente se casaria com uma das irmãs dela. A família da minha mãe, seu irmão e suas irmãs haviam partido antes da guerra, porque eram judeus. Só a mãe dela, minha avó, ficou. Meus pais tinham, de acordo com as leis raciais de Nuremberg, um denominado "casamento misto", que protegia minha mãe enquanto meu pai estivesse vivo. Ele, também, conseguiu proteger minha avó Orenstein de ser atingida. Ela sempre foi egocêntrica e tomou pouco conhecimento da guerra ou dos nazistas. Ela morava em um apartamento em Grunewald, com uma grande varanda e nunca saía de casa. Minha avó, também, era a única pessoa judia, em Berlim, que fora autorizada a manter sua criada pessoal ariana. Helene a vestia e despia, e um cabeleireiro vinha todas as manhãs para arrumar seu cabelo. Minha avó só fazia comentários sobre a guerra, para se queixar que o café estava horrível e que sua calcinha de seda saíra cinza da lavagem. Nos tempos de guerra, o café e o sabão não eram mais os mesmos. Ela morreu de pneumonia com 81 anos, no verão de 1941. Antes que pudesse ser enterrada, seu espólio tinha de pagar 28.000 *reichsmark*, um "imposto especial" cobrado dos judeus.

No outono de 1941, começaram as deportações. O irmão da minha avó, Richard Landsberger, de quase 80 anos, tomou uma overdose de pílulas para dormir na véspera de sua chamada. Ele foi o chefe da assessoria jurídica da Orenstein & Koppel e lutara na Primeira Guerra Mundial.

Os dois primeiros anos de guerra trouxeram grandes vitórias para os nazistas que já ocupavam toda a Europa, exceto a Suíça e a Suécia. Então veio o ataque à Rússia, em 22 de junho de 1941. Era uma bela manhã de domingo quando ouvimos pelo rádio, de uma janela aberta, a declaração do quartel-general de Hitler de que tropas alemãs haviam atravessado a fronteira russa. Meu pai disse: "Esse é o começo do fim". A Alemanha havia perdido a guerra em duas frentes, em 1918, e agora não seria diferente.

Infelizmente, levou mais de quatro anos e muitos milhões de vítimas, civis e militares, até que os nazistas fossem derrotados. Stalin tinha sido avisado de que os alemães planejavam um ataque, mas ele achou que Hitler iria respeitar o Pacto de Não Agressão, que assinara com Stalin em 1939. A invasão da Rússia pela Alemanha foi uma surpresa, e exércitos inteiros foram feitos prisioneiros. A maioria dos soldados havia morrido de fome. Os alemães avançaram muito para dentro da Rússia, vestindo uniformes de verão, porque Hitler, o grande estrategista, planejara que essa aventura acabaria no outono, com a Rússia implorando paz. No entanto, chegou outubro, a neve havia começado e os russos, apesar das pesadas baixas, começaram a impor resistência. Tínhamos o pressentimento de que nada acontecera como planejado quando o governo, em uma unidade de todo o país, convocou a população para doar agasalhos, cachecóis de lã, chapéus, luvas etc. O impiedoso inverno russo havia começado cedo. Ele derrotou Napoleão, que em 24 de junho de 1812 também invadiu a Rússia. A história se repetia.

Apesar das pesadas perdas de ambos os lados, os alemães foram capazes de avançar muito pela Rússia. Hitler chegou até a Criméia e o Cáucaso, com mira nos campos de petróleo de Baku, mas ele nunca chegou lá. No inverno de 1942 para 1943, veio a primeira derrota. O 6º Exército ocupou Stalingrado no Volga e se envolveu em combates com os russos, que cercaram a cidade. Foi um combate corpo a corpo em clima ártico. Em novembro de 1942, o comandante Paulus viu uma chance de sair com pelo menos uma parte das tropas, mas Hitler o proibiu. A capitulação veio no final de janeiro de 1943. Não sobrou nada do 6º Exército. A maioria dos homens foi morta e os que sobreviveram foram feitos prisioneiros pelos russos. Muitos deles morreram no cativeiro. A cidade estava em ruínas.

Os nazistas tinham uma maneira de camuflar as derrotas. Retiradas e derrotas eram chamadas de agrupamentos, e a propaganda oficial consistia de vitórias e avanços. Somente a rádio de Londres dava uma ideia de que nada estava bem. Ouvir as transmissões estrangeiras, no entanto, era uma ofensa capital. Às 9 horas da noite, com as janelas fechadas, as cortinas cerradas e um travesseiro no telefone, no caso de haver um dispositivo de escuta, amontoados perto do rádio abaixávamos bem o volume e esperávamos o sinal: *"Hier ist London"*. Era a única ligação com o mundo livre.

Capítulo 5

Tempos de Guerra

Não consigo lembrar se minha mãe estava sempre doente ou se queixava de alguma coisa. No início de fevereiro de 1943, ela não se sentia bem, nosso médico diagnosticou uma gripe e recomendou que ficasse na cama. Ela morreu dormindo na noite seguinte, com 59 anos. Foi um grande choque, especialmente para meu pai, que chorou sua perda até o dia que morreu, um ano mais tarde. Se ela estivesse viva, então, não há nenhuma dúvida de que teria sido deportada e morta. Disso, ela foi poupada.

Meu pai queria a urna, com as cinzas dela, enterrada no túmulo da família no cemitério Ohlsdorf, em Hamburgo, mas isso não era permitido. Em vez disso, ela foi enterrada na seção judaica do cemitério. Logo que cheguei a Hamburgo, em 1945, a enterramos junto com meu pai, no jazigo da família, que desde 1996 não existe mais.

Agora era duplamente afortunado eu não ter ido para a América, e durante o ano seguinte tentei ser boa companhia para meu pai que, senão, ficaria completamente sozinho.

Os ataques aéreos, dia e noite, tornaram-se mais frequentes e se você fosse pego longe de casa, poderia levar horas, após o sinal de cessação de ataque aéreo, até que o transporte público começasse a funcionar novamente. Certa noite, eu tinha ido a um jantar do outro lado da cidade, e ficava longe voltar a pé para casa. O ataque aéreo, com intenso bombardeio, parecia durar para sempre. O serviço telefônico fora interrompido. Quando o metrô voltou a funcionar, era de manhã cedo. Abri a porta da frente e lá estava meu pai totalmente fora de si, com medo de que eu tivesse morrido, me recebendo com um belo tapa na cara. Eu tinha então 22 anos. Embora, para dizer o mínimo, totalmente surpresa, eu o perdoei; ele pensou que jamais me veria novamente.

Certa noite de novembro de 1943, resolvemos nos encontrar para jantar em um antigo restaurante de Berlim, Lutter & Wegner, não muito longe da Avenida Unter den Linden. Naquela noite um enorme ataque aéreo destruiu a parte antiga de Berlim, incluindo nossos antigos bairros, Kronprinzenufer e Alsenstrasse. Passamos horas no abrigo e quando, finalmente, o

A cidade de Berlim depois de um ataque aéreo.

toque de fim do ataque aéreo soou, andamos a pé para casa, por Berlim em chamas, o caos em todos os lugares. Levamos muitas horas, desviando nosso caminho pelos escombros e vidros. Um velho estabelecimento, e o melhor restaurante de Berlim, era o Horcher. Era possível usar seus cupons e a cozinha continuava soberba. Herr Horcher tinha uma clientela fiel, e ele era atencioso o suficiente para manter em ambientes separados os velhos clientes e os figurões nazistas.

Na última vez que jantamos lá, no inverno de 1943, comemos um faisão *à la presse* e bebemos um maravilhoso Borgonha. Estava delicioso, exatamente como nos tempos de paz. Horcher só foi capaz de manter uma cozinha tão boa porque os nazistas gostavam de comer lá.

Durante o verão de 1943, lembro-me de duas visitas que meu pai recebeu. Uma delas era Goerdeler, o ex-prefeito de Lei-

Restarante Horcher em Berlim, que foi forçado a fechar em 1943.

pzig, que ocupara outros altos postos na República de Weimar. Ele fez disso seu negócio para manter os velhos amigos e associados do antigo regime, não sem perigo porque espiões nazistas estavam por toda parte. Ele levava consigo um caderno de endereços repleto de nomes, alguns em código, como, por exemplo, Schwarz que virou Weiss, com todos os tipos de informações. Isso provaria ser fatal para todos que estavam anotados lá, um ano mais tarde, quando foi preso após o atentado fracassado contra a vida de Hitler. Lembro-me de meu pai dizendo-lhe, quando ele estava escrevendo às pressas furiosamente, "Livre--se deste caderno. Nunca carregue nada escrito". Goerdeler, que tinha ambição de se tornar chanceler em um posto do governo de Hitler, acabou sendo executado.

O outro visitante e isso foi uma surpresa, foi Hjalmar Schacht, ex-presidente do Reichsbank, um financista extraordinário,

Sala de conferência após atentado fracassado em 20 de Julho de 1944 contra Adolf Hitler.

que não só tinha conseguido parar a escalada da inflação, em 1923, mas, como era extremamente ambicioso, também deu os meios financeiros para Hitler rearmar a Alemanha. Sem Schacht, Hitler não seria capaz de iniciar uma guerra. Em 1943, Schacht estava fora do poder e a campanha na Rússia tornou-se um atoleiro. Ele era um grande oportunista, sem limite moral, e decidiu retomar o contato com membros do Regime de Weimar, que evitara por mais de dez anos. Sem telefonar, ele apareceu em nossa porta. Naquela época a Gestapo, rotineiramente, monitorava telefones. Schacht era extremamente alto, tinha um pescoço comprido, usava sempre colarinhos altos engomados e era facilmente reconhecido. Houve um ataque aéreo e tivemos de ir para o porão, nosso inquilino nazista, com ferimento na cabeça, reconheceu Schacht imediatamente. Meu pai estava muito nervoso, temendo que nosso convidado espontâneo dissesse algo controverso. Não aconteceu nada nessa tarde, mas Schacht foi preso após o golpe fracassado contra Hitler, no verão de 1944, e levado para várias prisões e campos de concentração até o fim da guerra. Então, os Aliados o prenderam novamente como criminoso de guerra, o julgaram em Nuremberg e o condenaram a uma prisão longa da qual ele serviu apenas uma parte. Ele não saiu da cadeia até o início da década de 1950, época em que estava bem velho, começou uma carreira de negócio bancário de sucesso e escreveu sua autobiografia para justificar a vida de camaleão.

Em setembro de 1943, minha antiga diretora em Wieblingen, com quem ainda mantínhamos algum contato, convidou meu pai para um chá. A ocasião era o aniversário de uma das suas irmãs, mas ela também convidou alguns amigos e colegas, todos bem conhecidos de meu pai. A escola tinha sido fechada depois que uma das meninas a delatou para a Gestapo. Ela, agora, trabalhava para a Cruz Vermelha na França. Entre os convidados estavam Hanna Solf, Otto Kiep, genro de Schacht Scherpenberg, e a Srta. von Kurowsky. Hanna Solf, que morou em nossa casa, na Alsenstrasse 9, era a viúva do respeitado ex-embaixador alemão para o Japão. Ela era bem conhecida na sociedade de Berlim e tinha o que foi chamado de "Salon".

Havia um estranho no chá, um jovem com menos de 30 anos e que não era soldado, fato incomum naquela época. Ele visitou a Srta. von Thadden, no dia anterior, com saudações de um amigo comum da Suíça, que acabara de visitar. Isso deve ter tocado um alarme – um jovem de boa saúde, que não era do exército, viajar para a Suíça no meio da guerra? As viagens para o exterior haviam sido interrompidas completamente em 1939. Ele era Paul Reckzeh, médico e filho de um professor da Universidade de Berlim.

Peguei meu pai depois do trabalho. Meu escritório era perto. A conversa foi animada e centrada em torno da expulsão e prisão de Mussolini, no dia anterior, a primeira rachadura no Eixo. Isso poderia significar que o fim da guerra estava próximo? Reckzeh participou, animadamente, da conversa e se ofereceu para levar cartas dos convidados do chá, para a Suíça, em sua próxima viagem. Desde o início da guerra, todas as correspondências para o exterior eram censuradas e enviar cartas, ou mensagens por outros meios, era crime. Obviamente, naquela tarde todos haviam esquecido que a primeira regra, na luta pela sobrevivência, era nunca falar com estranhos sobre política. Aparentemente, o fato de a Srta. von Thadden convidar este homem, que veio com boas credenciais, foi o suficiente para jogar a precaução ao vento.

No caminho de casa, meu pai disse: "Queria não ter ido, tenho uma intuição ruim sobre esse homem". Como de costume, ele estava certo. Alguns dias depois, soubemos por Helmuth von Moltke, que trabalhara no Ministério das Relações Exteriores, que Reckzeh era um agente da Gestapo que, deliberadamente, se infiltrara nesse encontro e relatou o que todos haviam dito naquela tarde.

Quando Reckzeh telefonou para Elisabeth von Thadden, disse-lhe que estava ansioso para conhecer pessoas que pensassem corretamente, que se sentissem como ele sobre os nazistas". A Srta. von Thadden tinha caído nessa, já que a mulher da Suíça que o enviara era uma velha amiga. Tinha sido uma manobra deliberada para obter acesso a um círculo de pessoas que eram suspeitas, mas que não tinham qualquer poder real.

Ficamos chocados. Durante anos, meu pai evitara situações potencialmente perigosas e mantivera-se longe de estranhos. As pessoas, que foram ao chá, decidiram ficar quietas e não fazer mais contato. Notamos que nosso telefone estava grampeado; ele emitia cliques reveladores. As escutas telefônicas não eram muito sofisticadas naqueles dias.

Várias semanas depois do chá, Reckzeh telefonou. Ele queria nos ver e saber se não poderia levar algumas cartas para a Suíça, em sua próxima viagem. Meu pai resolveu deixá-lo vir em um domingo que eu estivesse presente. Claro que não deixamos transparecer o que sabíamos. Reckzeh era um homem sem graça, sem características distintas, ideal para um espião. Depois de conver-

Elisabeth von Thadden.

sarmos um pouco, o assunto da carta surgiu novamente. Meu pai disse-lhe que tinha apenas um amigo na Suíça, com quem se correspondia de vez em quando, mas que as cartas realmente poderiam passar pelo censor. Era aí que estava a questão. Agora era meio de outubro e gostaríamos de saber quando o próximo acontecimento inevitável ocorreria. A guerra na Rússia não estava indo bem, e os alemães estavam se "reagrupando estrategicamente", ou seja, recuando. O Natal chegou e se foi, e achávamos que os nazistas tinham coisas mais importantes com o que se preocupar.

Celebramos o Natal de 1943 com minha tia Irene, em sua casa em Grunewald, Berlim. Ela tinha uma velha cozinheira maravilhosa do leste da Prússia e que há anos trabalhava na casa, era extremamente fiel e conseguia fazer, mesmo com as restrições dos tempos de guerra, refeições esplêndidas. Esse seria o nosso último Natal juntos.

Em 12 de janeiro de 1944, a Gestapo prendeu todos que estiveram no chá. Eu estava andando até o metrô, por um parque nas proximidades, quando vários homens com casacos longos de couro saíram de trás dos arbustos e me pediram para acompanhá-los. Antes mesmo de se identificarem como agentes da Gestapo, eu sabia quem eram. Os casacos de couro eram um sinal revelador. Um carro aguardava nas proximidades e fomos embora. Meu pai foi preso em casa. Nunca mais o vi.

Fui levada para um apartamento perto da Kurfürstendamm, que pertencia à Gestapo. O interrogador que havia me prendido era Kriminalrat Lange, esse não era seu verdadeiro nome, como soube depois. Pedi-lhe que ligasse para o meu escritório dizendo que eu não iria naquele dia. A princípio, ele disse que tinha apenas algumas perguntas para me fazer. Mas eu estava muito ansiosa para saber onde meu pai se encontrava e se poderia vê-lo. Lange se negou a responder. Depois soube que ele estava preso no mesmo edifício. O interrogatório se concentrou no que havia sido dito e por quem, naquela tarde do chá. Disse a Lange que chegara tarde para buscar meu pai, e que não tinha ideia do que acontecera antes. Mas ele continuava insistindo que a conversa fora de natureza traidora e de derrota. Discordei completamente. O questionamento, embora correto da parte de Lange, durou o dia todo e, de repente, era de noite e me disseram que eu não tinha permissão para ir para casa. Passei a noite sentada numa cadeira, vigiada por uma mulher da Gestapo que me acompanhou até o banheiro.

Continuei perguntando sobre meu pai, mas não cheguei a lugar nenhum. No dia seguinte, me disseram que seria levada para minha casa, para pegar algumas roupas e produtos de higiene pessoal. Nesse meio tempo, no dia da prisão, nossa casa foi invadida à procura por jornais e correspondência, e eis que haviam encontrado um cartão postal datado de 1930 ou 1931, de Josef Wirth, um chanceler da República de Weimar, que tinha se estabelecido na Suíça, quando os nazistas chegaram ao poder. Esse cartão postal antigo era considerado evidência incriminatória de um conspirador e inimigo do Estado. Disse-lhe que meu pai não tinha tido nenhum contato com Wirth durante os últimos 12 anos. Não encontraram mais nada, mas roubaram a carta que Hitler lhe escreveu, quando ele renunciou, agradecendo-lhe por valioso serviço.

Não pedi que avisassem minha tia Irene, porque eu não queria arrastá-la para esta confusão, mas ela deve ter sabido logo o que havia acontecido.

Ainda tenho um diário de bolso deste ano, no qual fiz anotações de cada dia de minha prisão. Da casa perto da Kurfürstendamm, várias das mulheres que estavam no chá e eu fomos levadas para o campo de concentração de Sachsenhausen, perto de Berlim. Fomos acomodadas em barracas de madeira, cada uma vigiada por duas mulheres da Gestapo que nunca nos perdiam de vista, de dia ou de noite, e nos acompanhavam até o banheiro. Fomos levadas para fora da cidade por causa dos ataques aéreos, mas Sachsenhausen não era muito seguro. Os bombardeios dos Aliados atacavam, diariamente, as fábricas de munição nas proximidades de Oranienburg. As barracas, ordinariamente construídas, chacoalhavam como caixas de fósforo. Isso assustou muito as mulheres da Gestapo, e elas insistiram em me levar para um abrigo. Recusei, sabendo que como "Prisioneiras Especiais" não seríamos contidas à força. Até esse momento, a investigação parecia mais uma expedição de pesca. Confesso que me deu prazer ver as mulheres da Gestapo perderem a cabeça, com medo.

Durante o dia, eu era frequentemente levada a Berlim para interrogatório, que dava voltas em torno do mesmo assunto. Lange queria saber sobre o que eram as conversas "traiçoeiras", no chá. Eu insistia que eram meramente sociais e que nada tinham a ver com traição ou derrotismo.

Em 19 de janeiro de 1944, Lange veio me ver em Sachsenhausen, visivelmente descontente. Ele me disse que no dia anterior meu pai cometera suicídio, pulando de uma janela durante uma pausa no interrogatório. Ele morreu na ambulância a caminho do hospital. Perdi o controle e explodi, dizendo que ele, Lange, tinha matado meu pai, e que um dia isso seria vingado, durando a guerra um ano ou dez. Estava convencida de que eu sobreviveria, mas ele não.

Cada palavra significava uma sentença de morte, mas ele tentou me acalmar. Obviamente, o suicídio de meu pai não se encaixava no seu esquema, nesse início das investigações. Durante toda a minha prisão, tive a sensação de que Lange teve uma má consciência sobre o que havia acontecido – como se ele tivesse alguma consciência. Mais tarde foi dito que ele era um dos piores torturadores.

Tenho frequentemente pensado sobre a decisão desesperada de meu pai. Ele não era atlético nem um homem fisicamente ágil. Como ele conseguiu tapear os guardas? No dia anterior, tinha sido aniversário de minha mãe e me contaram que ele ficou ainda mais deprimido. Mas acima de tudo, ele sabia, e justamente por isso, que nunca sairia vivo e que seria torturado antes de ser morto. Isso foi exatamente o que aconteceu com os outros homens. Lange nunca mais falou sobre minha explosão furiosa.

Os ataques aéreos em Oranienburg pioraram, atingindo a cidade, mas não o acampamento. Em 5 de fevereiro, fomos transportadas para Ravensbrück, o maior campo de concentração feminino, onde, nos disseram, estaríamos em segurança dos ataques aéreos.

Era um dia claro e frio de inverno, com muita neve no chão. Viajamos de trem e, embora a distância fosse muito curta, a viagem ainda levou horas. Nossos guardas estavam à paisana. Nos sentamos num compartimento de terceira classe, e nossos companheiros de viagem não tinham ideia de onde vínhamos e para onde estávamos indo.

Da estação de Fürstenberg, fomos levadas para o campo de concentração, e alojadas em uma prisão que tinha sido construída para servir de presídio para os homens da SS que houvessem violado a disciplina. Era uma unidade de celas construídas com cimento e, de agora em diante, ficaríamos em confinamento solitário. A prisão tinha dois andares, as celas embaixo eram escuras e úmidas, as do andar superior, onde me colocaram, recebiam um pouco mais de luz. Pela pequena janela, sob o teto, eu podia ver a chaminé do crematório, soltando nuvens negras, dia e noite. As presidiárias eram tratadas de forma desumana e sofriam muito. Durante a noite, e cedo pela manhã, os vários milhares de prisioneiras esfarrapadas tinham de se reunir no pátio coberto de gelo e neve, para atender à lista de chamada, que durava horas. Se a lista não fosse totalmente completada, elas começavam tudo de novo. Muitas mulheres morreram de frio, subnutrição e do abuso sofrido nas mãos de guardas sádicos.

Foi um choque quando a porta da cela foi fechada e trancada pelo lado de fora, me deixando com um vaso sanitário exposto, uma pia, uma cadeira e uma mesa. A comida chegava por uma abertura na porta, deixada por Testemunhas de Jeová, que não tinham permissão de falar com os prisioneiros. Essas pessoas desafortunadas, que ficaram na prisão desde 1933 e aquelas que se encontravam em território russo no final da guerra, foram imediatamente presas de novo. A comida, na maioria das vezes uma sopa rala, era ruim, mas comível. Você só conseguia olhar pela janela que estava embaixo do teto, se subisse na cama, o que era estritamente proibido. Assim era para que não víssemos o que estava acontecendo dentro do campo de concentração.

Fazia muito frio e eu, geralmente, ficava com o meu casaco em ambientes fechados. Era um casaco de pele de onça que eu usava quando fui presa. Logo estabeleci uma rotina, o que não é fácil quando não se tem nada para fazer durante todo o dia, nem permissão para se deitar na cama e só era permitido se sentar numa cadeira dura. Éramos acordadas muito cedo e tínhamos de sair da cama imediatamente. A Gestapo vigiava pelo orifício, dia e noite. Você podia ouvir as botas com pregos ao longe, e quando que eu olhei pela janela, tinha bastante tempo para descer.

Todos os dias, eu caminhava durante uma hora e meia, de um lado para outro, na minha cela. Depois jogava Solitário. Tempos depois, tia Irene teve permissão de me visitar e trouxe livros. Reli a autobiografia de Bismarck, o que levou um bom tempo. Tia Irene vinha sempre que podia, uma vez por mês, a viagem de trem levava muitas horas nesta época. Todas as vezes, ela tinha de obter autorização da Obersturmbannführer Huppenkothen, no quartel-general da Gestapo na Prinz-Albrecht Strasse, um antigo palácio de Hohenzollern, depois uma prisão temida. Huppenkothen era muito desagradável e nunca deixou de lembrar Irene de que também podia prendê-la. Ela não se intimidava e jamais me esqueci de sua coragem. Depois da guerra, Irene teve notícias da Sra. Huppenkothen, pedindo-lhe que escrevesse uma carta atestando o fato de que seu marido, nesta época na prisão, sempre fora bom para ela, toda vez que solici-

Quartel-general da Gestapo na Prinz-Albrecht Strasse, em Berlim, 1933.

tava permissão para me ver. Não é preciso dizer que minha tia nunca lhe respondeu.

Uma vez por dia, era permitido fazer exercícios no pátio. Nas primeiras semanas eu fiquei sozinha. Então, apareceu uma senhora, que caminhou na outra direção para que não conversássemos. Havia sempre um guarda nos vigiando. Eu fiquei curiosa para saber quem ela era e, finalmente, arrumamos um jeito de trocar algumas palavras. Ela era Marie-Luise "Puppi" Sarre, que tinha sido presa em setembro de 1943, com um amigo, um advogado, Langbehn, que em nome de Himmler, chefe da SS, viajara com ela para a Suíça para sondar os oficiais norte-americanos sobre um possível armistício. Outro alto oficial da SS, Müller, farejou essa aventura e mandou prender Langbehn e Puppi. Himmler o soltou imediatamente, e Langbehn foi, por fim, julgado e executado. Embora fosse estritamente proibido, Puppi e eu demos um jeito para conversar e nos tornamos boas amigas. Ela nunca foi julgada, mas ficou presa até o fim da guerra. Nosso relacionamento durou até que ela morresse alguns anos atrás.

No meu diário de bolso, há uma anotação de que no Pentecostes, de 27 de maio, fui dar um passeio com Puppi no bosque, perto de um mosteiro medieval, em Himmelpfort. Sugeri esse passeio a dois guardas, ex-sargentos da polícia, enquanto Lange visitava a família na Polônia ocupada. O tempo estava maravilhoso e o lugar ficou cheio de pessoas aproveitando o dia. Eles não sabiam que éramos prisioneiras do campo de concentração e que os dois homens à paisana eram nossos guardas. Quando Lange voltou, soube de nosso passeio. Os guardas foram severamente castigados e não haveria mais caminhada fora do acampamento militar. Li, nos diários de Helmut von Moltke, que foram publicados depois da guerra, que no mesmo dia ele também estava passeando com os guardas no mesmo bosque. Mas não nos encontramos.

Jamais esquecerei 7 de junho de 1944. Tive dor de dente e fui levada para o dentista do campo de concentração. Uma das detentas, uma enfermeira polonesas, sussurrou no meu ouvido que no dia anterior os Aliados haviam chegado à França. Fiquei muito contente.

De vez em quando, Lange vinha me ver em minha cela e me fazia sempre as mesmas perguntas. Quem dissera aquilo no chá, quem eram os amigos e conhecidos de meu pai, quem fora nos ver e o que fora discutido. Sempre me recusei a aceitar a interpretação de Lange, sobre declarações traidoras e eu continuava lhe dizendo que o que fora dito, naquela tarde, era totalmente inofensivo. Mas não era isso que ele queria ouvir.

Os homens presos pelo mesmo motivo que o nosso se deram muito pior. Eles eram, frequentemente, levados à noite para Droegen, o quartel-general próximo da Gestapo, onde eram interrogados e torturados para se extrair evidências incriminatórias.

Em 9 de junho, Lange veio me dizer que os procedimentos antes do *Volksgericht* (julgamento com júri popular) estava sendo preparado e que a audiência aconteceria logo. No dia seguinte, nos disseram para pegar algumas coisas e fomos levadas, de trem, para Cottbus, sudeste de Berlim. De lá, seríamos conduzidas a Berlim, para o julgamento. Lange me disse que eu seria acusada por tentativa de alta traição. Ao deixar minha cela, ele me disse: "Fique de cabeça erguida". Eu respondi: "É mais fácil falar do que fazer".

Os trens estavam lotados. Nos esprememos num vagão de terceira classe, mas não podíamos dizer aos outros passageiros de onde vínhamos e para onde estávamos indo. Em Cottbus, eles nos colocaram numa prisão construída no século XIX. As celas eram escuras e úmidas, até no meio do verão. Ninguém nos disse por que estávamos em Cottbus e por que não ficamos em Ravensbrück. Três semanas depois, em 30 de junho, partimos novamente, desta vez para Berlim. Nosso destino era uma antiga cadeia de polícia, em Moabit, não distante de onde nasci e moramos. Fomos a pé da estação. Parte desse percurso fora meu caminho diário para a escola.

A prisão era superlotada e, pela primeira vez, várias mulheres dividiam uma cela. À tarde nos deram os processos, que tínhamos permissão para ler antes de serem levados de volta. O julgamento teria início na manhã seguinte, sábado, 1° de julho, no Tribunal Popular, na Bellevuestrasse. Eu sabia que Irene contratara um advogado, dr. Kurt Peschke, mas não soube mais dele.

Fomos levadas para o tribunal cedo, em uma linda manhã de verão. A Bellevuestrasse ficava no final do Siegessäule, onde eu frequentemente era levada para passear no Tiergarten. Em frente ao tribunal, num antigo colégio de meninos, estava o apartamento daquele meu colega frequentemente ausente no tempo da pré-escola.

O julgamento levou horas para começar e fui colocada numa sala escura do subsolo. Gritei, algumas vezes, para os guardas me levarem ao banheiro, o que eles fizeram de má vontade. Depois de muito tempo fomos algemadas em pares e levadas para a sala de audiência. Ela estava cheia de espectadores, membros do partido uniformizados e oficiais. Os jurados eram pessoas do partido, com uniformes. Antes de o julgamento iniciar, meu advogado, Peschke, se apresentou com as seguintes palavras: "Sabe que não posso fazer nada por você". Depois ele se retirou para uma cadeira no canto, jamais abriu a boca e cobrou 800 *reichsmark*.

A corte entrou com becas vermelhas. Roland Freisler, o presidente, era conhecido por suas explosões de raiva e gritos. Foi prisioneiro russo em um campo de concentração na Primeira Guerra Mundial, tornou-se um ardente comunista quando a revolução estourou. Isso não impediu que ele, em seu retorno à Alemanha, se tornasse um ardente nazista. Sua ambição era tornar-se Ministro da Justiça, mas Hitler não confiava o bastante nele e fez dele presidente do Tribunal Popular. Ele era conhecido como "Juiz Enforcador".

Os réus sentaram-se em fila. Eu era a última, por ser a mais jovem e menos importante. Em primeiro lugar estavam Elisabeth von Thadden e Otto Kiep, que eram acusados de alta traição. Cada um tinha que relatar sua história de vida, mas Freisler nunca quis ouvir os pontos bons. Kiep fora um oficial de alta patente na Primeira Guerra Mundial e ocupara postos importantes no serviço diplomático. Isso tirou Freisler do ar, e ele deu um grito para fazer o acusado perder a compostura.

Quando o chá foi abordado, os advogados de Thadden e Kiep, ambos muito respeitados, pediram para ser ouvidos, sem êxito. Todo o processo foi uma piada e não tinha nada a ver com um processo jurídico. Freisler já havia determinado a sentença e só fingiu. Reckzeh, o espião da Gestapo, sentou-se atrás de mim e foi tratado com grande deferência pelo tribunal.

Gritavam menos com as mulheres do que com homens. Finalmente, depois de muitas horas, foi a minha vez. Já que minha história de vida neste ponto era muito curta, Freisler foi direto ao ponto da minha acusação: "Tentativa de alta traição, não relatando o crime", ou seja, o motivo de eu não ter informado à Gestapo o que meu pai dissera no chá. Eu respondi: "Eu sabia que o dr. Reckzeh, sentado atrás de mim (me virei e apontei para ele), já havia relatado tudo para a Gestapo. Portanto, eu não tinha de fazê-lo". Freisler ficou, obviamente, surpreso, ergueu uma sobrancelha e disse: "Não se pode descartar esse argumento". Então, a corte se retirou para "deliberar". Reckzeh foi correndo. Era uma farsa. Quando a corte voltou, sentenças de morte foram dadas para Thadden e Kiep, apesar dos pedidos vigorosos dos advogados de defesa. O genro de Schacht pegou alguns anos de trabalho forçado. Ele teve sorte, porque a guerra terminou no próximo 8 de maio. O julgamento de Hanna Solf foi separado, mas ela continuou presa com a filha até a guerra acabar e nunca mais foi levada a julgamento. O embaixador japonês interviu em seu favor e, provavelmente, a salvou de uma sentença de morte, mas não conseguiu tirá-la da prisão. A Srta. von Kurowsky, totalmente confusa com os acontecimentos, e eu fomos absolvidas por falta de evidências. No meu caso, minha resposta obviamente teve seu papel. Não vi mais meu advogado.

Fomos levados de volta para a prisão de Moabit, e de lá para outra muito mais populosa na Oranienburger Strasse. Muitos dos prisioneiros tinham piolho e reclamei que deveriam ter me libertado logo eu ser absolvida ou ter me levado de volta para o campo de concentração. Não havia ninguém com autoridade para fazê-lo, mas depois de alguns dias fui levada para Ravensbrück. Contei para Puppi um pouco do que havia acontecido, mas não fazia ideia do que iam fazer comigo. Na quinta-feira, 6 de julho, me disseram para fazer minha mala. Irene esperava por mim em Droegen, onde os interrogatórios e as visitas ocorreram. Tive de assinar uma declaração de que jamais contaria a ninguém sobre a minha prisão e o meu julgamento, se não quisesse ser novamente presa e julgada. Pegamos o trem, pela primeira vez desde 12 de janeiro, sem guardas. Minha sorte foi ter sido solta duas semanas antes de 20 de julho, dia do atentado fracassado contra a vida de Hitler. Se estivesse presa, então, jamais teria sido libertada, tendo ou não alguma coisa a ver com isso.

Heinrich Himmler inspeciona o campo de concentração de Ravensbrück, em Berlim.

Após minha libertação da cadeia, Irene me disse que de agora em diante eu deveria ficar com ela em Grunewald. Um jantar excelente nos aguardava.

Parece que Reckzeh, como espião da Gestapo, foi responsável por denunciar de 75 a 100 pessoas. No final da guerra, ele foi preso pelos russos e sentenciado a 15 anos de prisão. Solto após cinco anos, foi para Berlim Ocidental no início da década de 1950, onde o prenderam por ter colaborado para a sentença de morte de von Thadden e Kiep. Naquele momento, fui chamada pelo consulado alemão, em Nova York, para testemunhar contra ele. Por motivos desconhecidos, Reckzeh foi solto antes do início do julgamento e, imediatamente, fugiu para a Alemanha Oriental comunista, onde se estabeleceu e trabalhou como médico. Soube que, após a queda do Muro de Berlim, ele viveu com conforto e luxo fora do comum para este país. Imediatamente após a reunificação, tentei com a ajuda de minha amiga e advogada Alice Haidinger (Pums Ree) entrar com uma ação no tribunal de Berlim contra Reckzeh, que fugira antes de seu julgamento na década de 1950. A lei da caducidade ainda não havia prescrito e ele continuava sujeito a processo. Lutamos, corajosamente, durante três anos, em dois tribunais, até sermos notificadas de que Reckzeh não seria acionado "já que no julgamento anterior ao Tribunal Popular, os réus foram representados por advogado e, portanto, fora um julgamento legal.

Tendo sido, por duas vezes, vítima de erro judicial, uma vez sob o governo de Hitler e desta pela República Federativa, escrevi para o então presidente da Alemanha, Richard von Weizsaecker, para que ele soubesse o quanto me sentia ultrajada. Ele pediu os processos dos tribunais de Berlim, estudou-os, cuidadosamente, e me escreveu uma carta muito gentil, dizendo que concordava totalmente comigo, mas que obviamente não podia intervir em ações penais. Reckzeh se mudou para Hamburgo e levou a vida como pensionista até morrer aos 82 anos, em 1996. Em 1994, no 50º aniversário do atentado contra a vida de Hitler em 20 de julho, pediram-me para falar em Ravensbrück sobre o nosso julgamento.

Freisler foi assassinado na sua mesa do tribunal, por um atentado à bomba, em 3 de fevereiro de 1945. Entre os processos com os quais estava trabalhando, havia o nosso, que ele queria reabrir. Thadden e Kiep foram decapitados no início de setembro, depois de pedidos de clemência serem negados por Hitler.

Depois da guerra, li que a viúva de Freisler pediu uma pensão, argumentando que o marido, se estivesse vivo, teria iniciado uma nova carreira na República Federativa. O procurador-geral do Tribunal Popular, que estava presente em nosso julgamento, de fato concedeu uma pensão considerável a ela.

Capítulo 6

A Guerra Termina

Voltei para o escritório, meu chefe tinha sido decente o bastante me mantendo no trabalho. Todos se comportavam como antes. E me disseram para tirar umas pequenas férias após o que tinha acontecido. No fatídico dia 20 de julho de 1944, eu estava longe de Berlim, em Seefeld, nos Alpes Austríacos. Ao voltar de uma caminhada no final da tarde, soube que Hitler sobrevivera a um atentado e logo falaria no rádio. Imediatamente teve início uma onda de prisões de pessoas e suas famílias suspeitas do atentado fracassado. Milhares seriam executados.

Foi maravilhoso ir morar com Irene, em vez de ficar sozinha em casa. Ela se sentia responsável por mim. Também me alimentei melhor e tive minhas roupas lavadas. A guerra já durava cinco anos. Como tudo, as roupas eram racionadas, todas as que eu tinha eram de antes da guerra e, consequentemente, muito surradas. Os sapatos eram um verdadeiro problema. De tanto caminhar, meus pés inchavam o máximo que podiam. É surpreendente como alguém tenha passado tantos anos (era pior ainda depois da guerra) sem comprar nada novo, e isso numa idade em que as roupas eram importantes.

O Exército Russo entra na Prússia Oriental.

O inverno de 1944 para 1945, o último da guerra, estava excepcionalmente frio e com neve. Os ataques aéreos de dia e de noite pioraram e, depois do Natal, Irene decidiu ficar com uma das irmãs em Munique. Seu apartamento tinha sido bombardeado. Em fevereiro, ela me escreveu pedindo para ir visitá-la. Os russos, nesta época, haviam invadido a Prússia Oriental e a Pomerânia e rumavam para Berlim. O escritório permitiu que eu fosse. O serviço ferroviário funcionava irregularmente, já que o transporte de tropas e munições tinha prioridade. Acontece que, enquanto estávamos a caminho, os ataques aéreos que destruíram Dresden estavam com força total. Não estávamos tão perto, mas todo o tráfego ferroviário parara e nos sentamos nos trilhos por dois dias. Finalmente cheguei a Munique, mas não fiquei muito tempo. A casa estava cheia com a família da Irene, e não me senti à vontade. Então, voltei para Berlim, para o meu trabalho e para fazer companhia para a cozinheira de minha tia.

De August Schreitmüller, a escultura Bondade examina Dresden após um incêndio iniciado por bombardeios aliados em 1945.

Agora era apenas uma questão de tempo, até que os nazistas se dessem por vencidos. Os Aliados se aproximaram do Ocidente e os russos do Oriente. Dezenas de milhares de refugiados da Prússia Oriental, Silésia e Pomerânia, estavam na estrada por via férrea, carroça ou a pé. Mesmo assim, os nazistas continuavam falando da Vitória Final.

Soldados russos marcham nas ruas queimando Insterburg na Prússia Oriental, 1945.

Homens da Volkssturm desfilam com suas próprias roupas e suas armas anti-tanque Panzerfaust e 98s Mauser, 1944.

As armas e as munições eram escassas. Um tipo de Guarda Nacional, a *Volkssturm*,* foi formada por homens velhos e meninos, que tinham de lutar contra os russos, praticamente sem armas. O último ato de *"Goetterdämmerung",** na Alemanha havia começado.

Por acaso, ouvi no rádio um discurso de Goebbels, onde ele encorajava as pessoas a não ter muito dinheiro em casa, mas para

---

* *Volkssturm* – "Tormenta do povo" – milícia nacional alemã criada por Adolf Hitler em 18 de outubro de 1944. Homens entre os 16 e 60 anos foram alistados no plano de defesa da Alemanha, para conter o avanço do Exército Vermelho e das tropas aliadas. (N.R.)

** *Götterdämmerung*, em português "O Crepúsculo dos Deuses", é o quarto ato da ópera O *Anel do Nibelungo*, do compositor alemão Richard Wagner. A autora faz analogia entre os episódios finais da guerra e o último ato da referida ópera de Wagner (N.R.)

deixar tudo no banco. Isso me inspirou a fazer exatamente o oposto e, imediatamente, comecei a montar um esconderijo para os *reichsmarks* basicamente inúteis, de duas contas bancárias que tinha. Sempre retirava pequenas quantias para não atrair suspeitas, mas em abril retirei a enorme quantia de 7.500 *reichsmark*. Isso acabou sendo uma ideia excelente. Aqueles, em Berlim, que seguiram o conselho de Goebbels, foram deixados sem dinheiro, porque os russos imediatamente fecharam os bancos. Eu podia comprar cigarro e comida com esse dinheiro, no mercado negro, e quando deixei a Alemanha, dois anos depois, dei para uma amiga meus últimos 2.000 *reichsmark*, sem valor fora da Alemanha, e ela fez bom uso deles até que a moeda alemã se estabelecesse.

Frente de uma moeda de 2 Reichsmark.

Busto de Paul von Hindenburg, 2º presidente da Alemanha, no verso da moeda de 2 Reichsmark.

A situação militar ficou mais desesperadora e, por causa da falta de gasolina, a Força Aérea participou de menos missões, e os Aliados tinham liberdade de ação no ar. Mais mulheres foram chamadas para trabalhar nas fábricas. Em março, recebi uma no-

Nota de 50 Reichsmark.

Um grupo de mulheres alemãs trabalha na linha de montagem de munições numa fábrica de Berlim.

tificação, por correspondência, para me apresentar numa fábrica de munição no norte de Berlim, mas joguei-a na lixeira, imaginando que, em uma situação cada vez mais caótica, ninguém poderia provar que eu tivesse recebido a carta. Eu tinha um bom emprego no escritório, mas havia pouco equipamento de guerra para se tirar a ferrugem.

Em abril, quando os russos se aproximaram de Berlim, Wilhelm Moessinger, que eu conhecera na casa de Lili Merton, me perguntou se ele e a irmã de Buttel, Meggi, uma viúva de guerra, poderiam ficar comigo. Irene estava em Munique e eles vieram morar em minha casa. A situação era incomum, mas eu tentava ajudar os amigos, sem saber quando poderia estar em uma situação parecida. Eu sabia que, por fim, teria de sair de Berlim e mantinha uma mochila pronta com roupas, algumas joias e minha reserva de 7.500 *reichsmark*. Mas, como não sabí-

Estação de trem de Grunewald, Berlim.

amos quando partiríamos, Meggi sugeriu que fôssemos para o estado onde sua mãe morava, perto de Oder, e pegássemos um punhado de batata e ervilha. Sabíamos que os russos estavam perto, mas eles não nos detiveram e partimos cedo, na manhã de 20 de abril (56° e último aniversário de Hitler) da Estação Grunewald. Depois de mudar de trem, várias vezes, chegamos em Goerlsdorf à tarde.

Podíamos ouvir o barulho da guerra. Em Goerlsdorf, o Estado havia preparado uma "jornada" para fugir para longe dos russos, com os cavalos da Stud Farm e os funcionários do Estado, o maior do norte da Alemanha. A mãe de Meggi queria que ela se juntasse à família.

À noite tivemos um jantar memorável. Havia mais ou menos vinte pessoas, entre parentes e amigos, à mesa. O velho mordomo serviu preciosos vinhos antigos da adega, que de outra forma teriam sido deixados para trás. Provamos muitas safras. Lembro-me, especialmente, de um Burgundy 1896. O que sobrasse na garrafa era servido. Tudo isso acontecia ao som do fogo da artilharia, cada vez mais intenso. Foi uma noite bizarra e macabra, algo parecido com o final dos tempos.

Meggi e eu decidimos partir de manhã cedo, cada qual guarnecida com 45 quilos de batata e ervilha, o que não era, exatamente, uma bagagem de mão. Ela teve uma briga terrível com a mãe, que achava loucura voltarmos para Berlim, mas Meggi estava ferozmente determinada a voltar para Wilhelm.

Fomos levadas para a estação em uma charrete puxada a cavalo. Mais uma vez tivemos de mudar de trem várias vezes, felizmente ajudadas por soldados para carregar nossos dois sacos. Era um milagre os trens estarem funcionando, já que os russos agora estavam nos arredores de Berlim. Só quando jovem alguém faria uma viagem carregando mais de 90 quilos, enquanto uma grande batalha se desenrolava ao alcance do ouvido.

Finalmente chegamos à Estação Grunewald. Podíamos ouvir o estrondoso barulho da guerra. Peguei um carrinho de mão em casa e puxamos nossa carga preciosa até lá.

Anos depois, soube que durante a noite de 20 de abril, quando Meggi e eu estávamos em Goerlsdorf, seu irmão mais novo, Alexander Lynar, então com 16 anos, enterrara a prataria e a porcelana na floresta, com a ajuda de empregados de confiança, que por décadas nunca revelaram o fato. Ele desenhou um mapa bem preciso do local e guardou-o por todos esses anos. Após a queda do Muro de Berlim, em junho de 1995, a família desenterrou o tesouro com a ajuda do mapa de Alexander e um equipamento muito sofisticado, embora a topografia da área tivesse mudado completamente. Há somente um outro caso sabido, em que a mesma pessoa que enterrara seus pertences os tivesse recuperado depois de tantos anos. No dia seguinte, domingo, 22 de abril, decidi partir. Disse que iria embora sozinha. O bombardeio e os bombardeiros se aproximavam cada vez mais. À noite, no último minuto, Meggi e Wilhelm decidiram vir junto. Nos despedimos da querida velha cozinheira, para quem as batatas e ervilhas seriam a salvação por muito tempo. E foi uma benção termos partido, porque os russos entraram na casa e violentaram a sobrinha da cozinheira que estava escondida embaixo de uma pilha de carvão. Isso era exatamente o que eu temia.

Para Wilhelm, era arriscado partir. À paisana ele teria sido pego pelas patrulhas militares, que procuravam desertores em todos os lugares. Eles eram enforcados no local. Wilhelm tinha um uniforme preto da unidade *panzer* com a Cruz de Ferro, e eu tive a ideia de pôr seu braço numa tipoia. Fora seriamente ferido na França, em 1940, e tinha só um pulmão. Ele inventou a história de que estivera em um hospital miliar e que agora estava procurando sua unidade. Éramos parados repetidamente. No breu da noite, entramos na Estação Grunewald. Ao amanhecer, chegamos na Nauener Heerstrasse, a rodovia principal fora de Berlim, em direção ao Ocidente. Estranhamente, não havia civis na estrada, apenas funcionários do exército com cavalos e carroças. A guerra que começara com Stukas e tanques acabou a pé, com vagões puxados a cavalo. A população civil de Berlim, obviamente, decidiu ficar e tomar conta de seus pertences. Eles se arrependeriam disso.

Pegávamos carona com os soldados, de tempos em tempos, o que ajudava muito, pois minha mochila era pesada. O exército estava deixando Berlim, o lado da estrada estava enfileirado pela Guarda Nacional (*Volkssturm*), formada por garotos menores de que 15 anos. Lembro-me de um dizer: "O *Füher* dará um jeito, general Wenk, e seu exército logo estará aqui". Havia, de fato, um general Wenk, mas ele não tinha mais um exército e a maioria desses garotos provavelmente foi morta pelos russos.

Tínhamos decidido ir para Schleswig-Holstein, via Mecklenburg, encontrar nossa amiga Lili Merton, em Eutin, que ficara com a irmã, na casa da esposa de seu namorado. Em circunstâncias normais não era boa ideia três estranhas, que amigas da namorada do marido, pedirem para serem acolhidas pela mulher dele, mas era uma época ímpar e desesperadora, e precisávamos de abrigo temporário. Normalmente, eu teria ido para Hamburgo para ficar com os Rees, nossos velhos amigos de família, mas os britânicos haviam bloqueado todo o tráfego do outro lado do Elba.

Levou vários dias para chegarmos a Eutin. Passamos por uma cidadezinha em Mecklenburg, que fora quase totalmen-

Exército russo com tanques T 34-85 chega a Berlim, em abril de 1945.

te destruída. Os britânicos bombardearam um trem na estação carregado de bombas V-1. Numa manhã do final de abril de 1945, sujas e desgrenhadas, tocamos a campainha na casa de Lili. Nossa anfitriã não ficou exatamente eufórica, mas nos hospedou. Não era hora para constrangimento. Ficamos na fila dos cartões de racionamento e esperamos a guerra acabar, o que não poderia demorar. Certo dia, no restaurante de um hotel, vi Himmler com um simples casaco militar. Esse homem, que fora responsável pela morte de milhões de pessoas, estava com o rosto verde. Ele tomou veneno alguns dias depois. Há um ano, eu estivera presa. Achei incrível que pudesse olhar para ele e não sentir medo.

Finalmente, nossa anfitriã nos demonstrou que deveríamos mudar e fomos para Malente, uma vila pitoresca, onde nos hospedamos na casa da Sra. Ledig. A guerra não havia acaba-

Manchetes internacionais noticiam a rendição alemã em 8 de maio de 1945.

Exército russo conquista Berlim em maio de 1945.

do, todos os tipos de rumores circulavam, mas ninguém tinha certeza do que estava acontecendo. Um dia, páginas do *Mein Kampf* viraram papel higiênico, porque a Sra. Ledig acreditava que a guerra havia acabado, só para desaparecer no dia seguinte, quando ela descobriu que a guerra não acabara. Em 8 de maio de 1945, o cessar-fogo foi declarado e a obra de Hitler voltou para o banheiro.

Não havia absolutamente nada a fazer e senti que deveria partir. O correio ainda não estava funcionando. Em junho, decidi pegar carona para Hamburgo, para ver se os Rees tinham sobrevivido aos horríveis ataques aéreos. Os trens estavam parados. Peguei carona com um piloto em uma caminhonete repleta de batata, e ele teve todo tipo de ideia, então lhe disse que meu bom amigo vice-marechal da Aeronáutica, Frank Beaumont, o levaria à corte marcial se não me deixasse sair imediatamente. Não tinha inventado isso. Frank Beaumont era amigo de meus pais e era vice-marechal da Força Aérea.

Minha próxima carona foi num daqueles carros estranhos, com uma chaminé, movidos à lenha. Assim, finalmente, cheguei em Hamburgo, onde esperava encontrar o velho amigo de meu pai, com quem ele estudara Direito em Hamburgo, antes da Primeira Guerra Mundial. A amizade com a família Ree continuou com o passar dos anos e na segunda geração, entre a filha deles, Pums, eu e nossos filhos, sempre que nos encontrávamos.

Os Rees ficaram muito felizes em me ver; tinham ficado preocupados imaginando se eu teria saído de Berlim. A casa deles, na Oberstrasse, não foi danificada e quiseram que eu viesse e ficasse com eles, o que eu, contente e agradecida, aceitei. Voltei para Malente, peguei minha mochila e comecei uma vida nova em Hamburgo. Eu não veria Wilhelm e Meggi novamente até a década de 1950.

Os dois anos em Hamburgo foram muito felizes para mim. Depois de tudo que aconteceu, encontrei uma nova casa e uma nova família, com os Rees. Pums estava fora e eu podia ficar no seu quarto. Sua mãe era uma cozinheira maravilhosa e criativa, com talento para preparar, com poucos ingredientes, pratos deliciosos. Quando Pums voltou, me mudei para o térreo, com Christinchen (Wentzel) e a mãe, Ilse-Marie, que era casada com o meio-irmão de Pums, então prisioneiro de guerra na Rússia. Eu dormia em uma alcova atrás de uma cortina na sala de estar. Os outros quartos nesse momento estavam alugados. Após os ataques aéreos devastadores, Hamburgo, em junho de 1943, tinha uma tremenda falta de moradia. Ainda assim, ter sobrevivido à guerra e aos nazistas era simplesmente admirável, e estávamos cheios de otimismo e esperança.

Hamburgo era a Zona de Ocupação Britânica e uma nova infraestrutura teve de ser criada sob a orientação do Governo Militar Britânico. A maior prioridade era a desnazificação, em todas as áreas da vida pública, especialmente na área da educação. Pums e alguns dos colegas decidiram formar uma comissão para reformar a universidade, que fora estritamente governada pelo partido nazista. Eles eram cheios de idealismo e sonhavam com uma academia democrática e esclarecida.

Pediram-me para ser sua secretária. Após debates calorosos, cada questão era votada de maneira verdadeiramente democrática. Também votei até que eles me perguntassem se eu havia sido estudante. Sim, eu disse, estudei até os 15 anos. A partir daí só redigia minutas. Quando o outono chegou, pensei em mudar de trabalho, pois o escritório não era aquecido adequadamente.

Um dia conheci Christa Armstrong, então Tippelskirch, na rua. Nos conhecemos em Berlim. Ele me disse que trabalhava para o Governo Militar Britânico e que eles estavam procurando ajuda. Imediatamente me candidatei e me tornei secretária do capitão Bingham, que era encarregado da desnazificação da indústria de Hamburgo. Ele não falava alemão e não sabia nada sobre o assunto. Bingham era advogado e, agora, capitão da Coldstream Guards, bonito, com um bigode loiro e um lenço na manga. Ele tinha um assistente alemão, que era fluente em inglês e, entre nós, decidíamos quem era e quem não era nazista. Administramos tudo muito bem e o capitão Bingham, um homem de família em Londres, podia passar tempo considerável com o comandante Junior Arnold, do Women's Auxiliary Corps.

Era um emprego excelente. Todas as manhãs e tardes, a cantina NAAFI* servia chá e biscoitos, e ao meio-dia recebíamos um bom almoço. E o prédio era bem aquecido, coisa extremamente importante num inverno tão frio. O Natal com os Rees foi maravilhoso. Minhas tias me mandaram um pacote da CARE,** que ajudou imensamente. Christinchen estava de olho numa lata de leite em pó e foi meu presente de Natal para ela. Ainda a vejo sentada num canto esvaziando a lata com uma colher. Todos nós estávamos loucos por guloseimas. Apesar da escassez, nos divertimos muito. Nunca ri tanto em festas e reuniões quanto então. Éramos jovens e sabíamos que tudo ia melhorar e que o pior havia passado.

Quando a primavera chegou, pedi demissão. Não queria ficar sentada num escritório todo o verão e ia dedicar meu tempo a algo que planejara há muitos anos – ir para a América do Norte, uma tarefa nada fácil, já que tecnicamente a Alemanha não existia, eram apenas quatro zonas de ocupação. A emigração pelas zonas americanas e inglesas era impossível. Só restava a zona francesa no sul da Alemanha e eu decidi investigar isso. Mas, primeiro, eu precisava saber o que havia acontecido com minha casa em Berlim. Não soube de mais nada desde que partira, mais de um ano atrás. Viajar pela zona russa era perigoso.

---

* NAAFI – Navy, Army and Air Force Institutes, em português "Institutos da Marinha, Exército e Aeronáutica" – é uma organização inglesa sem fins lucrativos criada em 1921 para fornecer serviços e alimentos às Forças Armadas britânicas. (N.R)
** CARE – Cooperative for American Remittances to Europe, em português "Cooperativa de Remessas Americanas para a Europa" – fundada em 1946, após a Segunda Guerra Mundial, nasceu da união de 22 organizações americanas que prestaram ajuda humanitária à Europa devastada pela guerra. (N.R.)

Se o pegassem, você era colocado na prisão por seis semanas e tinha de descascar batata. Os russos não davam autorização de viagem. Mas havia uma maneira, na zona americana no sul, pela Thuringer Forest.

Fui para Munique e me juntei à mãe de Ursel Cyliax, que queria saber como estava a sua propriedade na zona russa. Ela era uma mulher espirituosa e de coragem, e uma boa companheira de viagem para uma tarefa como essa. Fomos de trem para uma cidade perto da fronteira e, então, achamos um guia que por 100 *reichsmark*, por pessoa, nos levaria à noite pela floresta, para o lado russo.

Fomos em grupo à noite e caminhamos durante horas, subindo e descendo, sem saber onde estávamos ou se chegaríamos do outro lado da zona russa. Estava muito escuro. Depois de algum tempo, nosso guia se virou e nos disse para continuar, a fronteira não estava longe. Pela manhã, totalmente exaustas, chegamos ao final da floresta e vimos, abaixo, um vale tranquilo e uma vila. Nos separamos, porque todos estavam indo em direções diferentes. Levei uma garrafa de vodka comigo, um "presente" dos russos, e tomei um gole para me animar. A mãe de Ursel e eu descemos até a vila, esperando encontrar uma estação de trem. Tivemos sorte, e sem sermos paradas finalmente pegamos os trens, a mãe de Ursel ia para o leste e eu para o norte.

O trem, caindo aos pedaços com compartimentos de terceira classe, movia-se ruidosamente com destino a Weimar, onde eu pretendia passar a noite. Em todo o trem havia cartazes comunicando: "Febre tifoide, não beba água do banheiro". Viajamos pelo vale Saale. As árvores floresciam e a paisagem era idílica. Era maio, um feriado comunista importante, e Weimar estava decorada com bandeiras e cartazes agradecendo aos libertadores – o exército russo. Havia soldados em todos os lugares e decidi sair da rua o mais rápido possível. Weimar estava completamente ocupada pelo governo militar, mas encontrei um abrigo da Cruz Vermelha e fiquei lá o resto do dia. As pessoas dormiam em beliches com colchões de palha, e eu peguei a cama de baixo. De manhã fui acordada por uma chuvinha fina e pulei da cama. A pessoa que estava no andar de cima do beliche ainda não tinha ido ao banheiro. Eram 6 horas da manhã e fui direto para a estação. As ruas estavam vazias, os russos estiveram celebrando e não encontrei nenhuma patrulha. Finalmente, o trem para Berlim apareceu e cheguei em casa à tarde.

Não estive em minha casa por mais de um ano, e não morei lá por quase dois. Durante minha ausência mais pessoas, refugiados e vítimas de bombas foram se abrigar lá. Fiquei só uma semana: não restou nada que pudesse me prender ali.

Berlim estava dividida em quatro setores, minha casa estava no americano. A base militar do general Clay não era longe. Tinha ouvido falar que no setor russo, em Alexanderplatz, uma comissão de ex-prisioneiros políticos estava distribuindo cédulas de identidade. Embora eu não tivesse prova escrita de minha prisão (os nazistas nunca davam nada por escrito), decidi pegar esse documento que poderia ajudar na viagem pela zona russa. Era fácil ir de um setor para outro e conseguir essa cédula de identidade.

Na casa, peguei declarações e documentos bancários, que precisaria para desbloquear minhas contas no banco. Minha mochila estava pesada e temia o caminho de volta, mas esse foi o motivo de eu ter ido para Berlim. Só levaria o que pudesse carregar.

O centro de Berlim estava em ruínas. O que não tivesse sido bombardeado, fora destruído de casa em casa nas brigas, quando os russos chegaram. Estranhamente, as duas maiores fábricas de equipamento de guerra, Siemens e Borsig, funcionaram, de alguma forma, até o final, e mesmo tendo sido bombardeadas constantemente durante anos. Estava feliz em deixar a cidade. Na realidade, foi a última vez que vi a casa. Eu a vendi 15 anos depois, quando o Muro de Berlim foi erguido. O construtor que a comprou pôs tudo abaixo e construiu dois apartamentos no terreno. Em 1942, quando os ataques aéreos aumentaram, tivemos a oportunidade de enviar nossos melhores móveis, tapetes, porcelanas, vidraçaria e livros para uma amiga, no país, que se oferecera para guardá-los. Na verdade, nossa casa, embora danificada, nunca foi bombardeada. No fim da guerra, tudo que retiramos foi roubado da propriedade de minha amiga, junto com seus pertences.

Imediatamente, comecei o processo de emigração.

Capítulo 7

Indo para a América

Um dos poucos alemães em um cargo influente, sob o governo dos Aliados, era Robert Dietrich, ex-ministro do Tesouro da República de Weimar, para quem meu pai estivera a serviço. Ele presidia o Conselho do Estado de Baden e de Württemberg, na zona americana, e decidi pedir seu conselho sobre como pedir um visto de saída. O Länderrat,* em Stuttgart, estava localizado num dos poucos prédios que não haviam sido destruídos. Consegui falar com Dietrich e ele me alertou para o fato de que teria mais chance pela zona francesa. Mas, primeiro, eu teria de fixar residência nessa zona. Ele foi muito prestativo e, imediatamente, telefonou para amigos em Konstanz, para saber se eu poderia ficar com eles quando necessário. Esse foi o primeiro passo, e fiquei grata a Dietrich por sua ajuda.

---

* Länderrat – zona de ocupação americana na Alemanha de 1945 a 1949. (N.R.)

O Quartel-General Militar da França era em Baden-Baden, onde haviam tomado a cidade inteira. O único lugar para ficar era no Abrigo da Cruz Vermelha, superlotado. O Bureau para autorização de saída era na Villa Haniel, uma das muitas vilas de estilo Wilhelminiano, nesta bela cidade de veraneio. Um monte de requerentes esperava do lado de fora. O horário de funcionamento do escritório era de 10 horas às 11h30, mas o tenente Jean d'Heur, geralmente encerrava o expediente mais cedo. Depois de esperar três dias, do lado de fora, me cansei. A porta da casa estava aberta e eu entrei. Subi uma escadaria majestosa e vi um cavalheiro elegante, à paisana, sentado em sua escrivaninha. Com o meu francês medíocre, desculpei-me, me apresentei e contei-lhe o meu problema. Ele deve ter ficado bastante surpreso, mas me ouviu até o final. Mencionei que meu pai conhecera muito bem o embaixador francês em Berlim, Francois-Poncet, e lhe falei sobre nossa prisão e que eu queria deixar a Alemanha. Eu não havia sequer preenchido os formulários preliminares, mas ele poderia me ajudar. Dei a ele todas as minhas informações pessoais e assim, graças a esse *grand-seigneur*, comecei o lento processo de emigração.

Não havia um lugar para comer em Baden-Baden, já que os franceses haviam ocupado todos os restaurantes. Felizmente, Puppi Sarre tinha me dado o endereço de um amigo, que morava no Hotel Quisisana com um alemão que desertara para a França durante a guerra, e agora chamava a si mesmo de Monsieur Leloup. Eles me convidaram para almoços esplêndidos. Leloup trabalhava para o governo militar, mas depois foi preso por dirigir o mercado negro em Baden-Baden.

Antes de voltar para Hamburgo, visitei tia Irene em Munique, que ficara com o irmão em Burg Schwaneck, que mais tarde se tornou um albergue para jovens, onde meus dois filhos ficaram durante uma viagem à Europa, em 1976. Graças aos GI,* o melhor mercado negro estava em Munique, na zona americana, e fiz algumas compras com os meus marcos sem valor. Comprei cigarro, manteiga e café, tudo precioso para troca. O problema era chegar em casa em segurança, por causa do controle rígido na fronteira entre as zonas americana e inglesa. O trem parou na fronteira entre as duas zonas e todos os passageiros tiveram de descer com os seus pertences. Os GI, mascando chicletes e um tanto entediados, e a polícia alemã espetavam todos os pacotes com uma vareta e confiscavam o contrabando que os policiais, indubitavelmente, levavam para casa. Eles inspecionaram os passageiros, em grupos, e eu dei um jeito de ficar para trás, com o grupo já inspecionado, e assim levei meus tesouros em segurança para casa. Teria sido uma vergonha perdê-los depois de ter passado por tanta coisa.

A viagem de trem foi árdua e levou muito tempo. Além dos trens serem superlotados, frequentemente paravam nos trilhos durante horas para deixar que os trens dos militares passassem a toda velocidade e eram bem iluminados à noite, enquanto os outros trens eram escuros. Essa é a diferença entra ganhar e perder a guerra.

Amarrei uma corda à minha mochila, que estava no porta-bagagem, e ao meu cinto, para que ninguém pudesse pegar minhas coisas. Roubos eram frequentes.

Hamburgo era sempre um retorno ao lar para mim. Me mudei da Ober Strasse e agora tinha um bom quarto. A dona da elegante habitação era tuberculosa e estava em um hospital. Metade da casa foi ocupada por noruegueses com uniformes

---

* GI – termo usado durante a Segunda Guerra Mundial como apelido genérico dos soldados das Forças Armadas dos EUA. (N.R.)

britânicos, que haviam sido presos pelos nazistas e tinham espírito de vingança. Um dia, um amigo apareceu e perguntou se eu poderia hospedá-lo por alguns dias. Como havia um quarto vago, eu disse que sim. Isso acabou sendo um terrível erro. Os noruegueses sabiam que eu era hóspede, mas, assim que viram Kunrat Hammerstein, nos puseram na rua e se apropriaram de toda a casa. Fiquei terrivelmente constrangida, porque sabia que a dona não poderia voltar para casa. Aluguei um quarto, do outro lado da rua, no porão. A Srta. Kirsten, antiga dona da casa, morreu logo depois.

Meu requerimento de visto de saída para a Suíça estava tramitando vagarosamente pelo labirinto burocrático das autoridades de Baden-Baden, mas, de repente, minha autorização chegou, em março de 1947. Durante alguns meses, mantive correspondência com um amigo de meu pai, que morava em Lugano desde antes da guerra. Hans Wangemann fora um respeitado advogado em Berlim e era consultor jurídico da família Hohenzollern. Meu pai que o conhecia há muitos anos, obviamente, confiava nele. Quando Wangemann deixou Berlim às pressas, em 1934, depois do *Röhm Putsch* (Noite dos Longos Punhais) e se estabeleceu permanentemente na Suíça, meus pais confiaram-lhe joias e dinheiro, para que ficassem em segurança. Foram contrabandeados para fora pela esposa de um diplomata do Báltico, em Berlim. Parte desse pequeno tesouro eram 20 *reichsmark* em moedas de ouro, um presente do meu avô quando nasci. Tudo isso me possibilitaria chegar aos Estados Unidos e me ajudaria no recomeço. Wangemann escreveu que me colocaria, às suas expensas, em um pequeno hotel na Via Nassa perto de seu apartamento.

Arrumei minhas coisas rapidamente, me despedi dos amigos em Hamburgo e peguei um trem para Konstanz, de onde eu ia atravessar para a Suíça. Ainda tenho o papel cinzento, amarrotado, com o qual viajaria para os Estados Unidos. Os passaportes não eram emitidos naquele momento.

A cena, na fronteira, lembrava a ópera *O Cônsul*, de Menotti, com gente andando de um lado para o outro, esperando a autorização para entrar na Suíça. Havia algumas pessoas de Berlim que eu conhecia, entre elas o ex-embaixador da Letônia, um querido senhor que conhecera meus pais muito bem. Ele estava no ostracismo desde que a Letônia fora ocupada pelos russos, mas como diplomata não tinha problema para entrar e sair da Suíça. Ele me acompanhou pelos controles de fronteiras e me convidou para um almoço delicioso, no lado suíço. No geral, era incrível estar num país tão organizado, bem equipado em todos os sentidos, com lojas cheias de coisas que não víamos há quase nove anos mas, claro, eu não tinha dinheiro para comprar nada.

A viagem de trem para Lugano foi maravilhosa. Do hotel, que não era distante do lago, fui ver Wangemann e agradecer-lhe por tornar minha estada na Suíça possível. Sua esposa morrera alguns anos antes e o deixou com uma filha pequena que poderia ser sua neta. Wangemann, então com setenta e tantos anos, era pretensioso e gostava de mencionar nomes de pessoas famosas e influentes, como se fossem seus conhecidos, para impressionar. Por exemplo, ele contou que o papa Pio XII havia abençoado pessoalmente sua filha. Como dependia dele, eu tinha de fazer suas vontades e, parte do dia, lhe fazer companhia. Tive uma surpresa, grande e desagradável, quando lhe perguntei sobre meus pertences. As joias foram apresentadas, mas as moedas de ouro, muito valiosas, não. Ele explicou que quando a esposa morreu, as autoridades tributárias, segundo era comum, vieram à sua casa para fazer uma avaliação, encontraram as moedas de ouro em um envelope escrito "Propriedade de Arthur Zarden, Berlim" e as confiscaram como propriedade alheia, sem dar recibo.

Minha situação como alemã nesta época era precária, estava sujeita à expulsão pela polícia, então não havia nada que eu pudesse fazer. Isso era roubo e soube depois que eu não tinha sido a única vítima. Wangemann fez a mesma coisa com muitas outras pessoas que confiaram nele e usara estes fundos para sustentar seu estilo de vida perdulário. Chamei-o, embora não na cara, de trapaceiro de viúvas e órfãos.

Como sempre, em períodos de turbulência havia muita gente que investia contra os indefesos e necessitados. Vendi minhas joias, por uma bagatela, a um joalheiro "renomado", Ugo Sauter, da Via Nassa, recomendado por Wangemann, que tenho quase certeza ganhou uma comissão.

Em junho, a cunhada de Wangemann, a Sra. Beaumont, e o marido, o vice-marechal da Aeronáutica, foram para Lugano e me disseram que eu não tinha de ficar com Wangemann, visto que eu mesma estava pagando o hotel, já que ele havia roubado meu dinheiro. Então, decidi mudar para Ascona, onde Puppi morava e onde me divertiria muito mais. Wangemann recebeu mal a notícia de minha partida, sugerindo ingratidão de minha parte, o que era absurdo. Mesmo assim por algum tempo tive medo de que ele me criasse problemas.

Em Ascona, tudo deu maravilhosamente certo. Puppi encontrou quarto e refeições para mim com Gitti Horn, que morava com os dois filhos pequenos numa casa perto do lago. Ela estava, como todos nós, com pouco dinheiro e feliz por ter uma pensionista. Quando queria dar banho nas crianças, me pedia para pôr um franco no aquecedor de água. Ela era uma cozinheira muito criativa, que podia fazer todos os tipos de coisas com abobrinha, que por ser barata aparecia sempre no cardápio. Apesar de ter pouco dinheiro, a vida era tranquila, despreocupada e divertida. Ascona era o local favorito de artistas e todo tipo de gente divertida e excêntrica, que foi para lá por causa da guerra. O vinho era barato e a vida social descomplicada. Me sentia como se estivesse no limbo, esperando pelo estágio seguinte.

Em Lugano, comprei algumas roupas com o dinheiro das joias, já que não podia mais usar as poucas coisas surradas que trouxera. Sempre quis um terno de flanela cinza e um terno de tweed bege, que usei por muitos anos.

Ascona no verão era quase tropical, quente e úmida, e tentávamos nos refrescar no lago tépido. Também fiz algum dinheiro datilografando. Meus dois patrões eram incríveis. Um deles, uma mulher sul-africana que escreveu um livro sobre Oradour, uma aldeia da França que fora brutalmente destruída pelos alemães, em 1944, como represália aos ataques dos *partisans.* Os homens foram fuzilados, e as mulheres e crianças trancadas em uma igreja que foi incendiada. O vilarejo destruído nunca mais foi reconstruído. Hoje é um memorial, e uma nova cidade surgiu perto dali. Os alemães cometeram a mesma atrocidade em Lídice, na Boêmia, depois de Heydrich, representante de Himmler, ter sido baleado.

Datilografei seu manuscrito em inglês, mas não sei se chegou a ser publicado. Meu outro chefe era um alemão, que tinha uma empresa de exportação bem-sucedida na Romênia. Ele fugira dos russos com a namorada romena, que parecia a personagem Lorelei Lee no filme *Os homens preferem as loiras,* e só falava sua língua nativa. Meu patrão era sossegado em seus hábitos de trabalho e nunca chegava antes das 10 horas. No meu primeiro dia de trabalho, ele me pediu para acompanhá-lo em uma pequena dose de conhaque (*"Jetzt wollen wir uns mal die kleine Cognjacke anziehen"*). É muito cedo, eu disse, e ao meio-dia ele saiu para almoçar e fazer a *sesta.* À tarde, ele estava novo em folha para trabalhar. Com o salário, eu conseguia pagar algum tratamento dentário de que precisasse.

Neste meio tempo, por intermédio de Mausi von Holtzing, conheci Carl Deichmann, futuro marido de Puppi, e Rudi Hirschland. Ambos eram sócios de Rolf Roland, em uma pequena corretora de valores, a Model Roland & Stone, de Nova York. Eles me recomendaram procurar Rolf para ver se ele me arrumava um trabalho. Ainda não tinha ideia de quando pegaria meu visto, mas procurei saber como reservar uma passagem. Era possível viajar de graça em um barco da UNRRA, para transporte de pessoas deslocadas de guerra e vítimas de perseguições políticas, mas, como tinha um pouco de dinheiro, resolvi viajar por minha conta.

Quando meu visto chegou, acelerado pela declaração do ex-chanceler Brüning, reservei uma passagem no navio Nieuw Amsterdam, fora de Rotterdam, para o final de outubro. Os Hirschlands, que moravam em Haia, tinham me convidado para ficar com eles por alguns dias. De Zurique, decidi voar para Amsterdã em vez de pegar o trem que ia pela França e Bélgica, porque não tinha o passaporte adequado. Era a primeira vez que eu voava.

Ganhei uma grande despedida em Ascona. Esse tinha sido um intervalo maravilhoso. Os Hirschlands me encontraram em Schiphol. A primeira coisa que me pediram foi para eu não falar alemão em público. Os holandeses tinham sofrido muito sob a ocupação e detestavam os alemães. Os Hirschlands tinham um apartamento grande e uma cozinheira que preparava refeições deliciosas.

Em 28 de outubro, eles me levaram até Rotterdam, onde o Nieuw Amsterdam estava sendo preparado para a primeira travessia como navio de passageiros, depois da guerra. Ganhamos uma festa de despedida do príncipe Bernhard, com banda militar.

Dividi com duas norte-americanas uma cabine de segunda classe, pela qual paguei 175 dólares, o que me deixou com 150 dólares e um cheque do Chase Bank de mil dólares, que ao chegar depositei no Seamen's Bank for Savings como garantia para a minha velhice. A fonte dos mil dólares foi Hans Fürstenberg. Meu pai pagou os salários de seus empregados, depois que Fürstenberg teve de deixar a Alemanha e ele fora honrado e se lembrara. Nem todos eram desonestos como Wangemann.

Capítulo 8

Uma Nova Vida

No início de novembro de 1947, desembarquei pela segunda vez em solo americano, em Hoboken, onde a linha Holanda-América atracava, e fui recebida por Tante Rosi, a viúva de meu tio Edgard, que me levou para o apartamento na 7th Avenue, virando a esquina do Carnegie Hall. Após alguns dias, me mudei para a casa de seu irmão em Fleetwood, onde fiquei alguns meses. Ele tinha uma pequena empresa que enviava encomendas para a Europa, na Park Row em frente ao City Hall, e foi generoso comigo, pois, além de me deixar ficar em sua casa, me contratou como secretária pagando 40 dólares por semana.

Telefonei para Rolf Roland, que me convidou para uma visita em Larchmont, mas não tinha trabalho para me oferecer naquele momento. Rolf me prometeu entrar em contato quando alguma oportunidade aparecesse. Eu sabia que ele faria isso, porque Carl Deichmann o ajudara e ao seu sócio, Leo Model, a sair da Holanda depois da invasão nazista. No começo de fevereiro, ele me ofereceu um cargo de operadora de cabograma, pagando 45 dólares por semana mais hora extra, o que aceitei não só porque eram 5 dólares a mais do que eu ganhava no momento, mas também porque o trabalho parecia ser mais interessante.

Comecei, imediatamente, no escritório da Beaver Street, perto da Wall Street. O irmão de Tante Rosi não se incomodou. Ele havia me dado o emprego por caridade e eu também não era uma boa datilógrafa. A Model Roland fazia todo o negócio de arbitragem, no exterior, por cabograma, tanto em código Peterson quanto em particulares. Devido à diferença de fuso horário com a Europa, o trabalho começava às 8 horas. O telefone nunca parava de tocar. Eu tinha de receber os cabogramas e retransmiti-los imediatamente para o revendedor na minha frente, caso não estivessem em código. A decodificação tinha de ser feita o mais rápido e corretamente possível. Isso era bastante frenético e requeria atenção total aos detalhes. Os erros podiam custar muito caro e ser muito embaraçosos. Eu sempre ficava até as 19 horas e, com as horas extras fiz dinheiro suficiente para viver com parcimônia, mas confortavelmente.

Com o tempo, me cansei do longo deslocamento até o trabalho, o que também comprometia a minha vida social. Todas as pessoas que eu conhecia moravam em Manhattan. Meu rendimento semanal era de 60 a 65 dólares. A vida era barata. O metrô e o *Times* custavam 5 centavos; e o almoço no Automat, 50 centavos. Comprava vestidos na Klein, na Union Square, por no máximo 15 dólares.

A despeito da pressão, gostava do trabalho. Durante as horas de negociação com a Europa, os cabogramas eram transmitidos para a RCA, Western Union e Mackay. Eu tinha de estar alerta para não confundir pedidos de compra e venda, e 100 ou 1.000 ações. Rolf Roland, um mestre em arbitragem, que fazia todos os negócios de cabeça e nunca errou uma linha, executava a maioria dos pedidos e se sentia em casa, realmente gostando do que fazia. Ele se sentia realizado trabalhando, fez bastante dinheiro e só se aposentou em idade avançada.

Quando o verão chegou, decidi me mudar e procurei no jornal por um quarto mobiliado, fácil de encontrar naquele momento. Um dia após o trabalho vi um anúncio de 14 dólares por semana, em hotéis fora da 5th Avenue. Lembro-me do Hotel Seymour e outro no quarteirão, um pulgueiro com uma clientela bastante desagradável. Decidi dar uma olhada no Upper East Side e achei um anúncio na Park Avenue. A proprietária foi muito gentil e o apartamento bem mobiliado, mas ela me disse que eu não poderia receber visitas. Havia outro anúncio que decidi verificar. Era uma casa particular, na Park Avenue, entre a 94th e 95th Street, em frente a Armory, onde o Squadron A jogava polo todo sábado à noite. A dona da casa foi muito atenciosa e me mostrou um quarto grande no andar de cima, com banheiro e chapa elétrica. Gostei dele imediatamente, mas ela queria 75 dólares por mês, o que eu não podia pagar, já que a regra prática dizia que um mês de aluguel deveria equivaler a uma semana de salário. Expliquei minha situação e concordamos com 65 dólares, o que era viável. Havia uma condição. Ela queria que eu me mudasse imediatamente, pois a família estava indo para o Canadá passar várias semanas. Perguntei-lhe se não se importava de ter uma completa estranha morando sozinha em sua casa, mas ela, era óbvio, confiava em mim. Me mudei imediatamente com minhas coisas em uma mala e fiquei por quase quatro anos, até me casar. Por que os Ledouxs alugavam o quarto será sempre um mistério para mim. Eles tinham uma bela casa, em Vermont, e uma propriedade em Cornwall-on-Hudson, que estava na família de Pierre Ledoux há gerações. Eles davam festas maravilhosas e frequentemente me incluíam. Tornei-me parte da família e nossa amizade dura até hoje. Uma antiga locatária do quarto tinha sido Grace Kelly.

Em frente à primeira casa em que morel em Nova York, no número 1.205 da Park Avenue, em 1951.

A casa possuía três entradas, a porta da frente, a entrada dos criados e uma porta nos fundos, que abria para um jardim comunitário desfrutado por várias casas. Nas refeições ao ar livre, no verão, levávamos nossos pratos e passávamos momentos agradáveis ali. Nova York era mais segura naquela época e eu não via problema em ir para uma casa vazia e escura, tarde da noite, e dormir tranquilamente no andar de cima. Pela segunda vez encontrara um lar, agora com estranhos.

Minhas duas tias eram Lili, que morava no Brooklyn com o tio Max Berliner, e Grete com o tio Franz Blumenthal, em Ann Arbor. Meus dois tios haviam sido respeitáveis professores de medicina, em Berlim, e passaram a clinicar nos Estados Unidos. Tia Lili era uma pessoa muito doce e amável. Tom, quando era pequeno, constantemente afirmava que ela era chinesa, eu jamais consegui dissuadi-lo disso. Felizmente, ele nunca mencionou isso na presença dela. Mas ele ia aprontar alguma coisa. Quando a imperatriz Hirohito morreu, recentemente, fiquei surpresa em ver como ela lembrava minha tia. Max Liebermann pintara meu avô, e de uma fotografia desta pintura Tom e Phil insistiam que ele era, de fato, o imperador Hirohito, embora tivessem 50 anos de diferença. O porquê disso eu não sei, já que minha avó viera de uma antiga família de Berlim e meu avô da Prússia Ocidental.

Tia Grete tinha um enorme *joie de vivre* e lembrava minha mãe. Ela gostava muito de mim e nos divertíamos juntas. Havia algo infantil nela, de uma maneira afetuosa, que a tornava popular. Ela e minha mãe tinham nascido prematuras; estavam determinadas a ter uma vida divertida. Ia vê-las frequentemente em Ann Arbor, e uma vez levei Tom.

Em novembro de 1950, jantei com um amigo em um bistrô na 2nd Avenue. Ele era Fritz Gorrisen, de Hamburgo. Nos conhecemos em meados da década de 1930, quando minha mãe ofereceu um almoço. De repente, havia 13 pessoas à mesa, fui convocada e me sentei perto de Fritz. Depois, nos encontramos novamente em Nova York, e ele e Ellen, sua esposa, e eu nos tornamos bons amigos. Annete era a dona do bistrô Le Petit Veau, gerenciado por ela da Bretanha, e que se tornou um lugar assíduo para muita gente que se conhecia. Um amigo de Fritz chegou, nos cumprimentou e Fritz lhe pediu que sentasse conosco. E foi assim que conheci Richard, meu marido.

O bistrô de Annette era um ponto de encontro para fregueses que iam lá todos os dias, uma verdadeira instituição, típico da Nova York daqueles tempos. O bar era movimentado e bem localizado. Havia solteirões, temporários ou permanentes, e divorciados que iam diariamente, não só para tomar martini, o drinque preferido então, mas para ter companhia. Annette, atrás do bar, dava conselhos aos apaixonados e aos que sofriam de amor. O cardápio era restrito ao enorme *T-bone steak* e lagosta, tudo por 3,50 dólares. Na noite de Ano Novo, o lugar ficava lotado, champanhe e drinques eram fartamente oferecidos de graça. Annette, que viera para cá quando era jovem e pobre, trabalhou muito e comprou uma casa em Sag Harbor. Em 1969, durante uma nevasca, ela morreu de ataque cardíaco, tirando a neve com pá na entrada da garagem. O bistrô mudou de mãos, nunca mais foi o mesmo e pouco tempo depois acabou com um incêndio.

Nos divertimos naquela noite e, pouco tempo depois, Richard telefonou e me convidou para assistir ao *Barbeiro de Sevilha*, no Metropolitan Opera. Ele tinha uma assinatura, adorava ópera e gravava as apresentações de sábado em aparelhos de escuta, e posteriormente em vídeo. Infelizmente, nesse dia fiquei extremamente ocupada no escritório e estava tão cansada que dormi na maior parte da apresentação. Richard me perdoou. Era a primeira vez, na minha vida, que assistia a uma ópera da qual eu não sabia nada. Com ele aprendi a gostar de música e também das óperas de Wagner, do qual sempre tive preconceito porque era o compositor preferido de Hitler.

Um ano depois decidimos nos casar, o que aconteceu em 1º de fevereiro de 1952. Richard tinha um apartamento com um quarto, na 405 East com 72nd Street, que logo trocamos por outro com dois quartos espaçosos. Como tínhamos uma vida social intensa, Richard achou que eu deveria deixar de trabalhar fora. Mas eu não podia deixar Roland em apuros. Ele tinha sido um chefe admirável e bom. Meu bônus de Natal, dois mil dólares, foi o maior pago a uma secretária em Wall Street. Não era fácil encontrar uma substituta, porque o trabalho requeria habilidades especiais. Eu indiquei uma garota que precisava de trabalho e ela foi contratada, mas não durou muito, além de trabalhar mal teve um romance com o sócio majoritário, que se impressionou com a sua origem social.

Depois de ter trabalhado por 13 anos, fiquei feliz em cuidar da família e da casa. Tínhamos uma vida maravilhosa, saíamos muito e nos divertíamos um bocado. E, pela primeira vez, podia tomar parte das várias atrações culturais da cidade.

No meu casamento, em 1º de fevereiro de 1952.

Um ano antes, Richard comprara uma cabana na floresta, em Moosehill Road, em Oxford, Connecticut. Quando a vi pela primeira vez, fiquei chocada. Faltavam todas as comodidades e não tinha degraus na entrada, somente uma pedra. A sala de estar, com lambris de madeira, tinha uma lareira, a única fonte de calor. Richard adorava trabalhar ao ar livre, cortar árvores e de, lentamente, levar para os fundos a madeira que estivesse em nossa porta de entrada. A casa ficou muito aconchegante e, finalmente, possuía todos os utensílios para torná-la confortável, e, é claro, um sistema de calefação.

Na década de 1950, viajamos duas vezes pela Europa e, em cada uma delas, ficamos vários meses.

Em 20 de abril de 1955, Tom nasceu, um bebê feliz e calmo. Eu não sabia nada sobre como cuidar de criança e por meio do nosso médico, contratamos uma babá alemã que ficou conosco por cinco anos. Ela insistiu em cozinhar, para que pudéssemos receber amigos para o jantar. Quando ela foi embora, eu sabia como cuidar de Tom que, felizmente, era dorminhoco.

Três anos depois, ele foi seguido por Philip, que nasceu tão rápido, no hospital, que meu médico não conseguiu vir do West Side. A semente de um futuro corredor de maratona. Os anos passaram inacreditavelmente rápido. Eu gostava muito de ficar com as crianças. Íamos ao parque todos os dias, para o Mother Goose Playground, onde todas as crianças do East Side, com as babás, se reuniam. Mesmo então, as mães eram minoria.

Os finais de semana e o verão eram passados no campo. A grande alegria de Richard eram esses filhos que teve tardiamente. Em 1971, tudo mudou quando ele foi diagnosticado com câncer e teve de passar por três cirurgias, em sete semanas, uma delas de grande risco. Ele viveu mais um ano e era um paciente muito bom, não reclamava e sempre tentava não atrapalhar a vida da família. Tom estava no último ano, na Taft, e Philip no último ano na St. Bernard.

Richard tinha um enorme desejo de viver e jamais soube que estava com câncer. Os médicos previram que ele teria, mais ou menos, um ano de vida e seu fim chegou em 17 de junho de 1972.

Meus filhos são minha grande alegria, e um é o melhor amigo do outro. Quando escrevi estas lembranças, novamente percebi quanta sorte tive na vida. Meus pais me deram uma infância segura e feliz, e tive um casamento maravilhoso que, infelizmente, acabou depois de vinte anos. Agora, minha família é o meu grande motivo de alegria.